KB203810

소박한
삶 속에서
피워낸

명상
노트

국립중앙도서관 출판사도서목록(CIP)

소박한 삶속에서 피워낸 명상노트 / 지은이 : 박진하, ―
서울 : 여래, 2014
 p. ; cm

ISBN 979-11-951177-0-3 03200 : ₩10000

불교[佛敎]
명상록[暝想錄]

224.3-KDC5
294.344-DDC21   CIP2013028020

지은이 박진하

소박한
삶 속에서
피워 낸

명상
노트

여래

프롤로그

지난 한해는 어느 때보다 고된 한해이었다. 또 버리는
시기이기도 했다. 그동안 가지고 있던 작은 지위도 내려놓
고 자존심도 다 내던져야 하는 그런 시점이기도 했다.

그저 평범한 식당 아저씨로 살아가야만 했다. 그것도 모
든 것이 서툴기 짝이 없는 초보 아저씨일 뿐이었다. 수익은
적어지고 일해야 하는 시간은 길어졌다. 토요일도 없고 일
요일도 없다. 일주일에 월요일 한 번 쉬는 것 빼고는 늘 출
근해야 한다. 아침 9시에 나가면 밤 12시가 넘어야 일이 끝
난다. 그러니 병상에 누워 계신 어머니를 뵌 지도 오래다.

설거지며 청소 같은 잔일이 나의 일이다. 물론 국밥도
나르고 물컵도 나누어 드린다. 손톱 밑에 있는 손가락 피부

는 갈라지고 손목 증후군으로 물 컵을 떨어트리곤 한다.

때론 주정꾼의 횡포도 온 몸으로 받아내야 한다. 그러니 몸뿐만 아니라 정신까지도 피곤하다. 다들 스승이다. 음식이란 것은 누구나 하루 세 끼씩 드시던 것이니 다들 한가락 하신다고 믿고 계신다. 그러니 다들 나름대로 코치를 하신다.

가지고 있는 것을 다 내려놓으라고 이 세상이 나에게 명령하신다.

식당을 시작하기 전에 요가 지도를 위한 기업 강의를 나간 일이 있다. 그런데 엉망이 되고 말았다. 단 몇 시간 지도

할 것을 몇 개월 교육해야 할 분량으로 준비해 간 것이다.

전날 늦게까지 술을 마셔 피곤한 수강생들을 앉혀 놓고 이론적인 이야기를 시작한 것이다. 조금도 관심이 없는 사람들을 대상으로 그리한 것이다. 최악이었다. 무엇이든 의욕이 앞서면 실수를 부른다. 잘해보겠다고 굳은 의욕을 가지고 시작하면 어깨에 힘이 들어간다. 그러면 빗나가고야 만다. 그런 꼴이 되었다. 이 혹독한 신고식은 지난 한해의 시련을 예고하고 있었다.

다 버려야 한다. 그래야 살 수 있다고 가르치고 있었던 것이다.

그런 가운데 자료를 수집하고 틈틈이 명상을 하며 지낸다는 것이 쉬운 일은 아니었다.

나름 진흙 속에 피워낸 연꽃 같은 것이라고 여기며 이
원고들을 정리했다. 사실 온 몸으로 글을 썼다고 생각한다.
지난 6월까지 마감하기로 하고 했던 것이 11월이 되어야 그
끝을 보게 되었다. 이젠 큰 짐을 벗은 듯하다.

　　그리고 그 동안 찾아뵙지 못하고 제 편리만 앞세운 못난
놈이 어머니께 이 글을 바칩니다.

박 진 하

제 1 부

우리들의 삶과 깨달음

삶과 고통, 그리고 깨달음

사는 게 쉬운 일이 아니다. 삶이란 고되고 고통스러운 것이라 한다. 이 삶이 고통스럽고 괴롭다고 해서 모두가 수도원으로 가거나 저 깊은 산속으로 들어가야 하는가? 그런 결단을 하는 것은 누구나 할 수 있는 일이 아니다. 또한 그 것이야말로 진정으로 짧은 인생을 가치 있게 살아가는 의미 있는 삶일 것이다. 일부 선택된 사람을 제외한 많은 사람들은 그렇게 할 수도 없거나 그렇게 살고 싶지 않아 이 세속에 남게 된다.

흔히 개똥밭에 굴러도 이승이 좋다함은 미래의 확실치 않는 화려함보다는 이 삶을 선택하겠다는 의지도 있었겠지만 어찌할 수 없는 상황이 우리로 하여금 고달픈 삶을 강요할 수도 있다. 그렇게 사는 게 우리인 것이다. 피할 수 없으면 즐기라고 했던가? 그렇다고 이 삶에서 느껴지는 고통을 방치할 수는 없다. 우리에게 주어진 우리의 소명을 다하면서 고통에서 벗어날 방법은 없는가? 가능하다. 그리고 그렇게 살아 온 삶도 있다. 더러운 흙탕물에서 피어난 연꽃이 그러한 삶의 상징이다. 오염되고 악취가 가득한 이 세상 속에서 살면서도 마음의 평정을 잃지 않는 삶 말이다. 즉 마음의 평화이다. 어렵지만 이를 시도하려는 노력은 역사의 시작과 함께 계속되었다고 할 수 있다.

무엇보다 마음의 평화를 얻고 유지하려면 괴로움의 실체를 밝혀 이해하고 이를 한방에 날려버릴 수 있는 깨달음이라는 열쇠를 얻어야 한다. 그렇게 하려면 먼저 깨달음이란 무엇인가 하는 문제부터 풀어야 한다.

깨달음이란?

　깨달음이란 것은 모든 괴로움으로부터 벗어난 상태이다. 즉 괴로운 고통으로부터의 해탈解脫을 의미한다. 나아가 우리에게 느껴지는 고통의 현실을 단박에 깨어버릴 수 있는 커다란 체험인 것이다.

　다른 측면에서 보면 깨달음이라는 단어는 무언가를 안다는 것을 의미한다. 괴로움의 실체나 아니면 다른 무언가를 알게 된다면 고통에서 벗어날 수 있으며 그러한 것을 깨달음이라고 할 수 있다.

　그렇다면 깨닫기 위해 알아야 하는 것은 무엇인가? 그것을 도道라 한다. 우리가 다니는 길이라는 의미의 도이다.

　인도의 뭄바이에 갔을 때 일이다. 같이 갔던 일행에서

벗어나 그 유명한 타지마할 호텔을 갔다가 생긴 사고였다. 그 호텔이 인근에 있다는 말을 듣고 찾아갔던 것이 문제가 되었다. 가는 것은 이상이 없었다.

　그때는 그 호텔에서 벌어졌던 테러가 발생한 지 얼마 되지 않은 시점이었다. 우리의 예상을 뒤엎고 잘 정리되어 있었다. 일류 호텔로서 조금도 부족함이 없었다. 그렇게 많은 사람들이 죽거나 부상을 당한 사건이었음에도 불구하고 모든 것이 정상대로 운영되고 있었다. 호텔 제과점에서 판매

하는 초콜릿도 훌륭했고 또 다른 음식과 서비스도 최상이었다. 해변가에 위치한 호텔의 전망도 그만이었다. 문제는 거기서부터 시작되었다. 돌아가는 길이었다. 짐작으로 빠른 길을 선택한 것이다. 하지만 그 도시도 우리 서울처럼 미로였던 것이다. 아무리 가도 목적지가 보이지 않는다. 다시 호텔로 되돌아가 왔던 길로 되짚어 가고서야 일행을 만날 수 있었다. 이처럼 잘못된 길을 선택하면 큰 망신이다. 제대로 된 길을 환히 안다면 불안할 일도 괴로워 할 일도 없다. 이 도란 말이 우리가 걸어 다니는 그 도로라는 의미에서 나왔지만 다소 추상적인 것으로 변한 것이다.

서울역 앞을 나오다 보면 흔히 "혹 도를 아십니까?"라고 말하며 접근하는 사람이 있는데 그가 말한 그 도가 이 도이다. 이때의 도란 것은 쉽게 정리하기도 어려울 뿐만 아니라 설명을 들어도 알 수도 없다.
"도는 궁극적인 실재이고 우주의 보편적인 원리이다. 우리는 그것을 보아도 볼 수 없다. 그것을 들으려고 해도 들을 수 없다"라고 말하면 대체 이 도는 무엇이라는 것인가? 이때의 도는 궁극적인 우주의 운행원리요 세상 돌아가는 이치인 것이다.

우리가 다니는 길을 잘 알면 어디를 가든 불안한 일도 없고 괴로워할 일도 없는 것처럼 세상이 돌아가는 이치를 훤하게 알고 있으면 그리 될 수밖에 없는 것에 대한 아쉬움도 사라진다. 그것은 그렇게 될 수밖에 없다. 그것은 당연한 이치이고 마땅한 결과이다. 그러니 아쉬움도, 그로인한 고통도 없는 것이다. 이런 이치에 통달하는 것이 깨달음이다. 이른바 도가방식의 깨달음이다. 모든 것은 자연의 이치대로 전개되고 있으니 누구를 탓할 일도 아니고 인위적으로 무엇을 바꾸어 보려고 할 필요도 없다. 있는 그대로를 인정하고 수용한다. 그러면 어떤 기대나 욕망도 사라지게 되므로 고통에서 벗어날 수 있다. 그런 경지에 이른 한 도인은 이렇게 노래한다.

> 마음 씀이 없는 마음과 함이 없는 함을 배우고
> 그것을 끊임없이 길러 늘 무념의 상태가 되면
> 항상 어둡지 않게 된다.
> 마침내 모든 것이 사라진 깊고 깊은 곳에 이르게 되어
> 저절로 깨달음과 한 몸이 되는 것이다.

　다른 측면에서의 깨달음은 생각의 정지이다. 우리는 동

시에 일곱 가지의 생각도 할 수 있다고 한다. 대단한 능력이다. 이렇게 많이 생각하는 것이 좋다고도 할 수 있겠지만 시도 때도 없이 계속된다면 문제이다. 빨리 달릴 수 있는 자동차도 좋지만 멈출 수 있는 제동장치가 없다면 이건 큰 일이 아닌가? 영화에서 멈출 수 없는 버스가 있었다. 멈추는 순간 폭발하도록 되어 있었다. 이렇게 되면 편리함을 제공하는 도구라기보다는 우리를 해치는 무기가 된다. 생각도 그렇다. 필요할 때는 움직이고 쉬어야할 때는 멈출 수 있어야 한다. 그런데 생각이라는 것은 쉽게 멈출 수 없다. 아니 보통의 경우는 그렇다. 계속해서 꼬리를 물어 생각하게 된다. 자동이다.

영화 'speed'

명상冥想이란 단어를 글자 그대로 해석하면 '어두울 명'과 '생각 상'이다. 어둡게 한다는 것은 아무 것도 보이지 않게 한다는 것이다. 즉 생각을 사라지게 하는 것이 명상이다. 명상의 궁극적인 목적은 생각을 멈추게 하는 것이다. 그렇게 되면 자신이 누구라는 것도 잊어버리게 되고 일체의 생각도 정지하게 된다. 오로지 존재감 하나만 남아 있게 된다. 그런 상태에서는 자기라는 생각도 망각하게 되고 너와 나의 경계도 사라지게 되는 것이다. 이른바 명상을 하기 위해 앉아 있으되 자기라는 생각이 홀연히 사라지는 무아의 경지인 좌망坐忘에 도달하게 된다.

억지로 되는 것이 아니다. 멈춰 있으려면 더욱 날뛰는 것이 생각이다. 명상 자세로 앉아 보면 금방 알 수 있다. 초보자가 명상을 위해 정좌를 하고 가만히 앉아 있으면 온갖 생각이 일어난다. 이 망상이란 놈은 가만히 멈추어 있는 법이 없다. 그러다 "왜 이 짓을 하고 있지?"라는 생각이나 지금 당장 하지 않으면 안 될 일을 찾아내선 벌떡 일어난다. 조금이라도 공부해 본 사람이라면 오래 앉아 생기는 무릎 통증을 핑계로 포기하고 만다. 단 1분도 멈출 수 없다. 그럴 때는 가만히 일어나는 생각을 지켜보고 있어야 한다. 내가 할 수 있

는 일은 없다. 흙탕물이 시간이 지나면 깨끗해지는 것처럼
어떤 노력이나 의지도 버려버리고 그저 지켜만 봐야 한다.

그래서 한 선禪 수행자는 이렇게 말한다.

깨달음은 어떤 기분 좋은 느낌이나
어떤 특별한 마음 상태가 아니라
바른 자세로 앉아 있을 때의 마음 상태,
그 자체가 깨달음이다.

절대적인 것은 없다

우주는 오차범위 1% 범위 내에서 대략 137억 년 전에 탄생했다. 그러면 그 이전은 무엇이었는가? 사실 그 이전이라는 개념이 성립될 수 없다. 시간 자체가 만들어진 것이 빅뱅이 시작된 시점이기 때문이다. 시간이라는 개념 자체가 절대적인 개념이 아니다. 빅뱅 이후 우주가 팽창하면서 시간이 만들어졌기 때문이다. 그런 증거는 지금 이 순간에도 발견되고 있다.

강한 중력은 시간의 흐름을 느리게 만든다. 그리고 블랙홀 주위와 같이 중력이 매우 강한 지점에서는 시간이 멈추어 질 수 있다. 그런데 오랜 시간이 지나면 모든 별들의 땔감은 소진되어 우주의 모든 물질들은 결국 블랙홀로 귀의하

게 될 수 있다. 우주 대폭발이 멈추고 오히려 수축되기 시작
하면 시간은 점차 느리게 흘러가게 된다. 궁극적으로 우주
대폭발이 시작한 그 상태까지 되돌아가면 시간은 정지해 버
리고 말 것이다.

거대한
블랙홀
구상도

　　다른 측면에서 보면 지금도 우주 폭발은 진행하고 있다.
모든 은하는 팽창하고 있으며 멀리 있는 은하단일수록 더
빠른 속도로 커지고 있다. 즉 초속 70㎞라는 속도로 늘어나
고 있는 것이다.
　　그런데 상대성 이론에 의하면 입자들의 속도가 빛의 속
도에 가까워지면 가까워질수록 정지된 상태에 가까워진다
는 것이다. 즉 어떤 물체가 빛의 속도로 운동하면 시간과 공
간이 사라지기 때문에 주위에 대해서 움직임이 중지된 상태
로 있게 된다.
　　시간과 공간도 절대적인 개념이 아니다. 어제까지의 진

리이었고 도덕윤리이었던 것이 오늘날에 와서는 거짓으로 밝혀지는 일이 얼마나 많은가? 우리가 절대적인 것이라고 신봉하는 시간이나 공간마저도 상대적이라는 사실을 과학적으로 입증하고 있는 세상이다.

내가 옳다고 믿고 있는 것들이 항상 옳다고 할 수 있는가? 오늘날 중동에서 비롯된 많은 테러리스트들은 자기가 믿는 신앙과 신념을 바탕으로 자신의 목숨을 내던지고 있다. 본능적으로 자기 보존본능을 가진 인간이 그렇게 한다는 것은 쉬운 일이 아니다. 자신을 보존하려는 이기적인 유전자의 작용을 이겨내고 스스로 자신의 목숨을 내던지는 것이다. 우리가 보면 분명 헛된 믿음이고 신념처럼 보이지만 그들에게는 그렇지 않다. 많은 믿음이나 신념이란 것도 다 이와 같은 것이 아닐까? 보다 더 멀리 떨어져 있으면 생명보다 더 귀하게 느껴지던 것들도 그렇지 않은 것들이 되어 버린다. 또한 시간이 흘러 다시 되돌아보면 그런 신념이라는 것도 허망해 보인다.

내가 믿고 있는 믿음이나 신념을 다른 사람에게 강요하고 이로 인해 생기는 아픔과 비극은 얼마나 많은가? 절대적인 진리와 믿음은 없다. 다만 그 시대나 그 공간에서만 통용되는 진리와 믿음이 있을 뿐이다.

분별망상이 문제이다

『성경』의 창세기를 보면 재미있는 이야기가 나온다. 하나님이 우주 만물을 만드신 후 최초의 인간인 아담과 이브에게는 에덴동산 중앙에 있는 나무의 사과는 만지지도 말고 먹지도 말라고 한다. 지혜롭게 할 만큼 탐스러운 이것을 따먹는 날엔 눈이 밝아져 선악을 알게 될 것이라고 하셨다. 그런데 뱀의 꼬임에 넘어간 이들은 그 선악과를 따먹고야 만다. 이것은 인간이 지은 가장 최초의 죄가 되는 것으로 원죄이다. 이로 인해 두 사람은 낙원에서 추방되어 세상 밖으로 내던지게 된다. 즉 고통과 아픔의 시작점이 된 것이다. 선악을 알게 된 것이 괴로움의 시작이 된 것이다.

무엇이 옳고 그름을 따지는 것이 분별이다. 무엇은 좋고 무엇은 나쁘다고 나누는 것이 분별심이다. 아름다움과 추

함, 이로움과 해로움을 구분하고 비난하는 것이 문제이다. 즉 분별이야말로 괴로움의 원천이다. 우리는 본능적으로 이기적인 동물이다.

사람들은 다른 사람들이 배출한 똥을 보면 기겁을 하고 얼굴을 찌푸린다. 그러나 자기가 싸 놓은 똥은 이와는 사뭇 다르다. 어찌 보면 노란 똥에서 김이 모락모락 나는 것을 지켜보고 있노라면 잘 익은 찐빵처럼 보일 수 있다. 나와 너의 차이가 이만큼 크다. 이것이 원죄의 증거라고 한다. 사실 이와 같은 이기심이 문제이다. 그래서 분별하고 비난한다. 남의 눈에 있는 작은 티끌까지도 꼭 찍어내 지적하지만 이보다 훨씬 큰 나의 눈에 있는 들보는 보지 못하는 것이다.

우리는 무슨 일이든 금방 옳고 그름을 판단한다. 그 근거나 기준이라는 것이 대개는 자기 주관적인 경우가 많다. 객

관성이 없는 것으로 다만 내 마음 가는대로 멋대로 평가하고 비난하는 것이다. 그래서 남을 비난하지 말라는 것이다. 그렇게 비판한 그 방식으로 우리 자신도 그 언젠가 헤아림을 받거나 비판을 받을 수 있다. 모든 것은 상대적이다. 절대적으로 옳고 그른 것이 어디 있는가? 누가 예쁘고 누가 못났고 하는 것도 상대적이다. 미인의 대명사라고 알고 있는 양귀비도 지금 기준으로 보면 뚱뚱보이다. 당시에는 약간 살이 찐 여인을 좋게 보았다. 비쩍 마른 여자는 복이 없다 하였다. 시대에 따라 미인의 기준도 달라진다. 그러니 좋다 나쁘다 하는 것도 다 상대적인 것이다. 모든 사람을 평가하고 호불호好 不好를 분명히 하는 것은 자신의 괴롭힘을 더하는 일이다. 세상을 평가하는 잣대를 치우고 나의 마음을 활짝 열어 어디에도 걸림이 없이 자유자재로 흘러 다니는 바람처럼 된다면 그 사람이 도인이다.

그 마음, 그 모든 삶 실어주는 너른 땅과 같다면

그 마음, 그물에도 걸리지 않는 바람 같다면

두 가지 모습 없는 참 세계 속에서 행복하게 살리라.

다툴 일 없이 있고 없음의 그 바탕, 즉 허공이 아닌가?

지극한 도는 어려울 것이 없으니

오직 분별하여 좋은 것만 선택하려는 마음을 꺼릴 뿐이다.

이와 관련하여 중용이니 중도니 하는 용어를 빌어 설명할 수도 있다. 이때 중용이니 중도니 하는 것을 '이변비중離邊非中'이란 단어 한마디로 대체할 수 있다. 이쪽이나 저쪽을 분명하게 선택하는 것도 아니지만 그렇다고 이도저도 아닌 중간을 말하는 것은 더욱 아니다. 즉 쾌락과 고행, 이익과 손해라는 것들의 양변을 떠나 있으되 그 중간에 있는 것도 아니다. 이것이 무슨 말인가? 좌우로 나누고 옳고 그름을 분별하는 기준을 치워 버리라는 것이다. 모든 일이 쾌락일 수도 있고 고행일 수 있다. 그러니 무어라고 단정할 수 없는 것이다. 이처럼 분별하는 근거를 버리면 우리의 마음은 무한 자유를 누리게 된다.

그럼 어떤 인식도 없고 구별도 없는 완전히 초월적인 상태가 되는 것이다. 사리 분별하는 마음이 사라지면 나와 다른 것을 구분할 방법이 없다. 내가 너이고 네가 나인 것이다. 이처럼 이해득실을 따져 시비를 나누는 모든 행위를 일시에 놓아버리면 깨끗하고 맑아진다. 이것이 우리를 속박하는 못과 문설주를 뽑아주는 것이 된다. 어디에도 구애됨이 없으니 텅 비어 성스럽다 할 것도 추하다 할 것도 없다. 오직 자기 잣대로 분별하고 좋은 것만 선택하려는 것을 하지 않으면 될 뿐이다. 보통은 말하는 순간 곧바로 옳고 그름을 판별하여 비판하고 선택하려는 함정에 빠지거나 명백함에 떨어진다. 자기도 모르게 그렇게 된다.

그래서 옳고 그름이 밝게 드러나게 된 것은 도가 훼손된 이유라고 한다. 그리고 옳거나 좋다고 생각하는 것은 편애하게 되고 그렇지 않는 것은 미워하거나 싫어하게 된다. 이처럼 도가 훼손된 이유가 편애가 이루어지는 원인이다. 좋아함이란 증오나 싫어함의 다른 반쪽이다. 모든 분별과 감정을 털어버려야 한다. 마음을 텅 비워서 그 빈 곳으로 도가 들어오게끔 해야 한다. 아무것도 없이 텅 빈 없음을 체험함으로써 깨달음을 얻어 갈 수 있다. 이런 공空의 깨달음을 통하여 괴로움에서 해방될 수 있다. 그렇게 되면 이런 경지에 이르게 된다.

감정인들 있을 소냐?
하늘에 해 뜨고 달 지며
난간 앞의 산은 깊고 물은 차갑다.
하는 말마다 모두 도이다.

왜 황당한 믿음이 존재하는가?

　요즘 황당한 이야기가 많이 떠돈다. 인간이 달에 착륙했다는 것도 가짜이고 거짓으로 영상을 만들어 전 인류를 속였다고 말하는 사람도 있다. 아니 지금도 케네디는 죽지 않고 지구상 어느 곳에서 살고 있다는 루머도 있다. 다소 어이없어 보이는 것 임에도 불구하고 사라질 줄 모르고 퍼져 나간다. 왜 이런 것들이 만들어지고 확대되는 것일까? 보다 황당한 믿음도 있다. 외계인을 구세주로 모시는 신앙은 어떠한가?

　환경의 불확실성이 높을수록 이런 미신적인 행동의 수준도 높아진다. 어떤 모형도 현실을 정확히 설명해 낼 수 없다. 너무나 많은 변수가 작용된다. 그러나 뇌는 의미 없는 데이터에서 의미 있는 패턴을 찾아내려는 성향이 있다. 그리고 그런 경향에 의미를 부여하거나 그렇게 만드는 어떤 존재가 있다고 생각을 한다.

"왜 이런 어려움이 나에게만 찾아오는가?"라는 질문에 대한 해답을 구한다. 그러면 지난번에 몰래했던 잘못이 이런 결과를 초래했다고 생각할 수 있다. 아님 전능하신 상제께서 벌을 주셨다고 믿는 것이다. 이렇게 믿기 시작한 작은 믿음은 시간이 지나면서 더욱더 굳어져 간다. 우리 인간에게는 믿음에 반하는 사례 보다 그것을 입증하는 사례들을 더 빠르게 취합하는 경향, 즉 확증 편향이라는 것이 있기 때문이다.

또 거짓이라고 판정된 것이라고 할지라도 그것을 진짜라고 믿을 때 드는 비용이 진실을 밝히는 노력보다 적게 들 때에는 자연선택은 거짓된 성향이라도 그것을 선호한다.

참다운 신앙은
나를 버리는 것이다

　　신앙은 나를 버리는 방편이 될 수 있다. 무엇을 바라고 기원하는 것은 진정한 의미에서 신앙이라고 할 수 없다. 모든 우주만물이 신의 의지대로 전개되고 있는데 미천한 한 인간이 이를 거슬러 이렇게 해 달라고 떼를 쓰면 그 자체가 오만이 아닌가? 가끔은 하나님이나 부처님을 내 마음대로 부릴 수 있는 요술 램프의 요정 정도로 여기는 경우는 없는가? 결정은 인간이 하고 그렇게 해 달라고 간절하게 기도한다. 대학 합격을 위한 백일기도 같은 것들이 그런 것이다. 합격 여부를 결정하는 신의 판단력을 믿을 수 없다는 것인가? 그러니 결정은 내가 하고 신은 다만 나의 요청을 듣고 순종하며 충실하게 이행하면 된다는 식이다.

　　사실 기도는 문을 닫고 은밀한 중에 해야 한다. 그리고 하나님의 이름을 찬양하고 하나님의 뜻이 하늘에서 이루어진 것처럼 땅에서도 이루어지도록 기원해야 한다. 그리고 일용한 양식을 주심에 감사하는 것이 최고의 기도이다.

이는 나를 버리고 신을 주인으로 받아드리는 것이다. 그저 감사하고 모든 것은 신의 뜻대로 이루어지는 것이니 감사하는 마음으로 이해하고 수용해야 한다. 결국은 자기를 망각하고 신과 합일하는 것을 의미한다. 자기의 뜻을 모두 비워버리고 그 속을 신으로 채워가는 것이다. 나는 없어지고 신만 남아 있게 된다. 신의 뜻대로 움직이는 도구일 뿐이다. 나의 의지와 마음은 없다. 이런 창조적인 자기 망각Self-Forgetfulness은 이기적인 자기를 버리고 신과 하나가 되게 한다. 그렇게 되면 모든 사고와 행동이 정지되고 일종의 몰입 상태로 나아가게 된다. 즉 자기를 벗어나 신과 하나가 되는 자기 초월적인 일체감Transpersonal Identification을 가지게 된다.

그리고 좀 더 신앙이 깊어지면 그 신도 사라지는 체험을 할 수도 있다. 텅 빈 어둠만 남아 있다. 이른바 모든 것이 사라진 적멸寂滅의 단계이다. 이 세상의 괴로움과 번뇌가 사라진 세상이다.

테레사 수녀는 이렇게 고백한다.

말로 표현할 수 없는 어둠과 외로움이 괴롭히고 있습니다.

어둠이 너무나 깊어서 이성으로도 보이지 않습니다.

제 영혼 속, 주님이 계셔야할 자리에는 아무도 없습니다.

진정한 사랑이야말로
깨달음의 경지이다

참된 무아의 상태가 되면 해탈의 세계도 초월하게 된다. 언제나 변하는 무상한 세상의 괴로움 속으로 되돌아가 산다 하여도 뚜렷하게 존재의 기쁨 속에서 남아 있게 할 수 있다. 무엇을 가졌거나 무엇을 잘하기 때문에 좋아하는 것이 아니라 그 존재감 자체로 절로 웃음이 난다. 그런 단계에서만 사랑과 자비의 세계로 나아갈 수 있다. 이런 사랑이 충만한 사람은 우선 자발적으로 행동한다. 그리고 일상적이고 진부한 것도 처음 본 것처럼 새롭게 바라본다.

또 감수성이 커서 다른 생명체와 자연에까지 연민과 사랑의 감정을 느낀다. 그리고 이들에게는 또 하나의 특성이 있는데 무아의 경지에서 느낄 수 있는 영적 체험을 주기적으로 하게 된다.

이때의 사랑이란 소유욕에 기반을 둔 편애와는 다른 것이다. 내가 좋아함에 근간을 둔 사랑은 편애라고 할 수 있다. 있는 그대로 인정하고 사랑하는 것이 진짜이다. 무언가를 상대에게 기대하거나 바라는 것은 진정한 사랑이 아니다.

이런 사랑으로 다른 사람을 도와 줄 때에만 '오른손이 하는 것을 왼손이 모르게 하여 은밀한 중에 해야 하는' 것이 될 수 있다. 기독교에서 가장 우선하는 사랑이란 덕목도 이런 것을 말함이다.

너의 원수를 사랑하며 너희를 핍박하는 자를 위하여 기도하라고 한다. 이것은 인위적인 노력으로 가능한 일이 아니다. 그렇게 하려는 마음으로만 원수를 사랑할 수 있는가? 내가 누군가를 구분하고 판단하거나 비난하는 것 자체가 사라진 상태에서만 가능하다.

그래서 햇빛이 악인과 선인을 고루 다 비추게 하며 하늘에서 내리는 비도 의로운 자와 불의한 자를 구분함이 없이 내리는 것처럼 사랑하라는 것이다. 이런 경지에 이르게 되면 자기를 초월하게 된다. 아니 자기를 초월한 상태에서만 진정한 사랑이 가능하다. 자기를 다 버리고 텅 빈 상태에서만 이런 사랑과 자비가 싹 틀 수 있는 것이다. 이렇게 되면 모든 존재를 거대한 전체의 일부로 생각하고 바라볼 수 있게 된다. 다른 말로 바꾸어 보면 '하나됨'이다. 결국은 자신과 다른 사람 사이의 정상적인 구분이 모호해지는 의식상태가 되는 것을 의미한다.

우주 만물을 볼 때에는 있는 존재 그 자체에서 비롯된 아름다움에 놀라게 된다. 이런 아름다움은 이해 관계없이 보편적인 쾌감을 주는 것이다. 그럴 때 우리는 뒹구는 돌들의 형제가 되며 떠도는 구름의 사촌이 될 수 있다.

나를 늘 지켜본다

"일각을 인내하는 자는 백 년의 재액을 면한다"는 말이 있다. 그러나 순간의 분노를 극복하지 못하고 폭발해서 자기 인생을 끝장내는 일이 얼마나 많은가? 왜 그럴까? 나중에 후회할 일이 왜 벌어지는 것일까? 우리 행동의 95% 이상은 무의식에 의해 결정되고 작동된다고 한다. 즉 의식도 하기 전에 모든 일을 결정하고 행동한다. 즉 의식적인 마음은 오히려 사후 관찰자이고 행동 자체는 대개 무의식중에 시작된다.

행동을 일으키는 신경 자극이 의식보다 앞서 일어난다. 즉 의식보다 운동을 관여하는 뇌 영역에서 먼저 시작된다. 정확하게 표현하면 의도를 의식하기 10초 전에 행동을 일으키는 신경신호가 시작된다.

그렇지만 실제 행동은 의식한 뒤 반 초 더 늦게 이루어진다. 그렇기 때문에 의식하는 시점부터 반 초라는 짧은 시간적 여유가 있어서 그 행동을 중단할 수 있는 것이다. 결과적으로 보면 행동을 자극하는 뇌 신호가 가장 먼저 작동하고 뒤늦게 이런 움직임을 의식하는 뇌 활동이 있게 된다. 그런 후에야 곧바로 행동으로 연결된다.

이처럼 대부분의 우리 행위는 무의식에 의해 지배된다. 본인은 자유의지대로 결정하며 행동한다고 착각하고 있지만 그 실체를 보면 그렇지 않다. 좀 더 과학적으로 분석해 보면 인간의 선택은 우리의 의지에 따라 자유롭게 행해지는 것이 아니라 지난 생활을 거쳐 형성된 '인지적 풍경'이라는 인식의 체계에 의해 이루어진다. 일정 조건이나 원인이 될 만한 요소가 감지되면 자동으로 특정 동작을 하도록 설계되

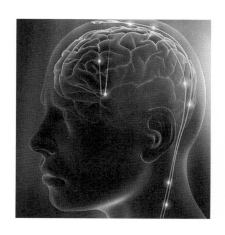

어 있는 것이다. 순간적으로 판단하고 행동한다. 이른바 분별심이다. 탁 보는 순간에 옳고 그름을 따져 즉각적으로 말하거나 행동한다. 이런 것이 우리 인간이다.

이처럼 무의식중에 결정하고 행동하는 것을 가르쳐 무명無明이라고 한다. 무명이란 이런 우리의 실체를 밝혀 깨닫지 못하고 어리석음이라는 어둠 속에 묻혀 있다는 뜻이다. 모든 괴로움이나 아픔은 여기에서 시작된다는 것이다. 무의식에 의해 결정되고 행동하려는 그 순간을 알아차리게 되면 비극을 끝낼 수 있다. 우린 무엇을 하려는 그 시작 시점에서는 알아차리지 못한다 하여도 행동 바로 전에는 알 수 있다. 늘 나의 움직임을 면밀하게 관찰하면 모든 불행에서 해방할 수 있다는 것이다. 이런 지켜봄을 틈 없이 해야 한다.

무의식중에 분별하고 행동하는 것을 그대로 두면 이것이 괴로움의 원인이 된다. 그러나 무의식에게 모든 것을 맡기고 살아가는 것이 우리들의 삶이다.

늘 깨어 있어서 행동을 하기 전에 그 조짐을 관찰하고 실제 행하는 그 순간까지도 놓치지 않고 지켜보는 것이 마음공부의 핵심이다. 단 한 순간이라도 무의식중에 결정하고 행동하는 것을 놓치지 않아야 한다. 무의식이 나를 지배하도록 그냥 두지 않는 것이다. 즉 나를 지배할 수 있는 고리를 끊어 버리는 것이 이것이다. 소에게 고삐가 없으면 마음대로 조정할 수 없는 것처럼 늘 깨어 있으면 무의식이 마음대로 조정할 수 없다. 그래서 고삐를 매달 콧구멍 없는 소는 자유와 해탈을 상징한다.

다른 식으로 표현하면 지금 이 순간에 의식을 머물게 하는 것이다. 과거도 아니고 미래도 아닌 이 순간에 온전히 존재하는 것이다. 무언가를 하려는 그 순간에서 시작하여 구체적으로 움직이는 모든 동작을 관찰한다. 이처럼 늘 이 순간에 머물게 되면 분별심도 욕심도 사라진다. 그래서 진정한 깨달음을 얻은 자는 이렇게 노래한다.

> 미움 속에서 미워함이 없이
> 미운 사람 속에 미움을 비우고
> 아픔 속에서도 아파함이 없이
> 앓음 속에서도 앓는 일 없이
> 욕심 속에서도 물듦이 없이
> 성내는 사람들 속에서도 성냄 없이
> 우리는 진정으로 하하 웃으며 살아간다.

지금 이 순간이 가장 중요하다

깨달음이란 본래 우리가 가지고 있던 완전한 자유를 실현하는 것이다. 모든 망상과 번민으로부터 자유로운 자이다. 이는 나의 의식을 지금 이 순간에 집중하게 함으로써 가능하다. 대체로 분별 망상은 과거로부터 기인한다. 특히 어린 시절에 있었던 여러 아픔이나 이를 극복하는 과정에서 행동 경향이 만들어진다. 일곱 살 성격이 여든을 간다하지 않았는가? 이때 형성된 성격으로 인해 호불호가 만들어 진다. 이렇게 만들어진 성격은 반복적인 습관을 만들어 내고 성격과 자신을 동일시하는 과정을 거쳐서 자기중심적인 의식이 형성된다. 그래서 깨달은 자는 일반인처럼 자기중심적인 의식에 고정되어 과거의 습관이 반복적으로 나타나도록 하지 아니한다. 다만 현재 상황에 머물면서 모든 것이 자연스럽게 일어나도록 한다.

　미래의 걱정과 번민도 실은 과거의 씨앗이다. 과거에 경험했던 아픔이나 싫어할 일이 앞으로 나타날 것을 우려하는 것이 걱정과 번민이다. 사실 일어나지도 않을 일들을 가상적으로 만들어내고 고민하는 것이 대부분이다. 어제 했던 번민이 오늘도 계속된다. 구체적으로 해답을 찾기 위해 노력하는 것이 아니라 막연하게 걱정하고 고민한다.

　항상 지금 이 순간에 의식을 집중해야 한다. 미래를 덮어두라는 말이 아니다. 내가 무슨 생각이 일어나면 일어나는 그 순간에 집중을 하면 부질없이 반복적으로 떠오르는 망상과 번민이 사라진다. '아~ 내가 이런 생각을 하고 있구나'라고 마음속으로 되뇌이며 지켜본다. 굳이 그걸 지우려고 할 필요도 없다. 그럼 쌓였던 눈이 햇빛에 사라지듯 그런 잡념에서 해방될 수 있다. 이른바 과거와 미래로부터 자유로워 질 수 있다. 그러면 어느 날 홀연 시간의 앞뒤가 끊어짐을 느끼게 된다.

　이와 관련하여 성경은 이렇게 기록하고 있다.

　　공중의 새는 그들이 직접 심거나 거두지 아니하고

창고에 모아두지 아니하더라도 하늘에서 기르시며

아궁이 속에 던져지는 들풀도 이를 입히거늘

무엇을 입을까 무엇을 마실까 걱정하지 말아야 한다.

제 2 부

나란 놈은 대체 무엇인가

나는 누구인가?

    나는 누구인가라고 묻는다면 자기 가슴을 두드리며 여기에 있다고 할 것이다. 즉 생물학적인 생명체인 이 몸을 가르쳐 나라고 말한다.

    이 몸은 난자와 정자가 만나 만들어낸 유전자에 의해 제조되어 진 것이다. 그렇게 볼 때 우리 몸은 자신의 복제본을 더 많이 퍼트리는 것을 지상 목표로 하는 이기적인 유전자가 잠시 몸담고 있는 생존기계일 뿐이다. 본능적으로 생존을 위해 발버둥 칠뿐이다. 그러나 나의 유전자가 나의 아이들에게 전달된다 하여도 완전한 복제는 불가능하다. 나의 아들에게는 1/2, 내 손자에게는 1/4의 유전자를 물려줄 뿐 나의 '유전자 형' 그대로를 전달할 방법은 없다.

    이런 유전자가 만들어낸 우리 몸은 한번 생산된 그 세포로 평생 간직하여 살아가게 되는가? 물론 아니다. 우리 몸을 구성하고 있는 세포는 새로운 것으로 교체된다. 심지어 단단한 뼈마저도 3개월이면 다른 것으로 바뀐다. 만약 세포가 오래되었음에도 불구하고 계속 살겠다고 버티게 되면 우리 몸은 어떻게 될까? 그럼 큰일이다. 그것을 우린 암세포라고 한다. 일부 세포가 반란을 일으켜 영원히 살겠다고 버터면 전체가 죽어버리는 결과를 낳게 된다.

우리 인간은 다른 동물과 마찬가지로 외부 생명의 도움 없이는 단 하나의 세포도 만들어낼 능력이 없다. 식물이나 다른 동물의 고기를 먹어야 그것으로 세포를 만들어 낸다. 그들의 생명을 빌려서 우리 몸에 잠시 간직했다가 다시 배출하는 것이 우리 인간이다. 영원한 것은 없다. 잠시 머물었다가 나간다. 시냇물이 흘러가듯이 우주에 퍼져 있는 여러 물질이 인간의 몸으로 잠시 흘러 들어왔다가 나가는 것이다. 이것이 우리 몸의 정체이다. 그럼에도 불구하고 이기적인 우리 몸은 대단한 생명력을 간직하고 있다. 생명이 다하는 그 순간까지도 자기를 보존하고자 한다. 모든 세포가 그러하듯 우리 인간도 일정 시기가 되면 다른 생명으로 교체되어야 한다. 만약 사람이 영원히 살아 있게 된다면 그것은 축복이 아니라 재앙이 될 수 있다. 우리 몸을 구성하고 있는 세포가 죽지 않고 버티면 암세포가 되어버리는 것처럼 그렇다. 결국에는 작은 세포에게 적용되는 원리는 보다 큰 인간 사회에서도 적용된다.

또 다른 측면에서 보면 우리 몸을 가리켜 머리는 머리통, 몸체는 몸통, 허리는 허리통, 다리는 다리통이라고 한다. 통이란 텅 비어 있는 상태를 말한다. 물질로 가득 찬 것이 몸인 듯해도 실은 텅 비어 있다. 이것이 우리 몸의 실체이다.

아니 모든 물질의 기본이 되는 원자 자체가 텅 비어 있다. 원자를 구성하고 있는 원자핵과 전자 사이는 늘 텅 빈 공간이다. 가장 작은 단위의 원자가 단단하게 뭉쳐 있을 것 같으나 실은 그 반대이다. 원자가 잠실운동장만 하다면 원자핵은 그 한 가운데 있는 콩알보다 더 적다. 지구상의 모든 물질을 압축한다면 지름 200m의 공이 된다. 알맹이는 지극히 적고 아무 것도 존재하지 않는 텅 빈 공간인 셈이다. 그

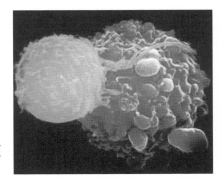

불멸을 추구하는 암세포는 죽음이란 재앙을 초래한다.

리고 원자핵 주위를 회전하고 있는 전자는 초속 2,000㎞로 움직이고 있다.

이렇게 텅 빈 공간이지만 쉽게 나눌 수 없을 만큼 단단하게 묶여 있다. 보다 적은 소립자의 세계를 들어가 보면 그렇다. 원자보다 작은 것이 쿼크인데 이들은 단단하게 결합되어 있다. 쿼크와 쿼크 간은 보통 $1/10^3$㎝인데 이를 1㎝ 격리시키려면 1톤의 바위를 1m 높이로 올리는 에너지가 필요하다.

이처럼 텅 비어 아무 것도 없는 듯하나 단단하게 존재하는 것이 몸이고 인간인 것이다.

또 텅 비어 있어 약해 보이나 그 생명을 보존하려는 본능은 엄청나다. 미국 미시건 대학에서 심장이 멈춘 쥐에게서 잠시 뇌파가 폭발적으로 증가한다는 사실을 확인했다. 이 뇌파는 의식이 또렷할 때 나타나는 것과 유사한 것으로

원자구조

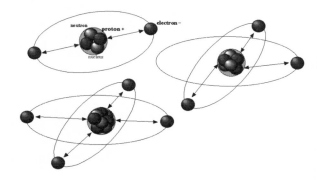

명상이나 깊은 수면 상태일 때 나타나는 감마파이다. 사용된 쥐들의 심장이 멈추고 죽음에 임박했을 때부터 30초간 뇌파가 요동을 쳤다. 이처럼 뇌로 산소와 영양 공급이 차단되면 오히려 자기보호 기능이 작동되어 의식을 더욱 강화하고 위험에서 탈출하려고 한다는 것이다. 대단한 생명력이다. 우리 생명은 마지막 순간까지도 이와 같이 자기 보호 본능을 발휘한다.

여기에서 의식이 우리 몸을 보호하기 위하여 작동된다는 사실에 주목할 필요가 있다. 우리는 태어나면서부터 나라는 의식을 가지는 것은 아니다. 지금 태어난 아기는 자신과 세상을 구분하지 못한다. 내 앞에 놓인 장난감도 내가 아닌 다른 어떤 것이라는 사실을 알지 못한다.

그러면 어떤 과정을 거쳐 나라는 의식, 즉 나라는 경계가 만들어지는가? 태어난 지 6개월간은 어머니와 동일시한다고 한다. 그때는 무엇을 먹고 싶거나 똥을 누워 기저귀가 축축함에도 불구하고 스스로 해결할 수 능력이 없다. 그러니 울어서 자기의 불편을 알리는 방식으로 문제를 해결한다.

그러다 더 먹고 싶으나 과식을 우려하는 어머니에 의해 중단되는 상황을 만나게 된다. 그러면서 어머니로부터 조금

씩 나라는 의식이 독립되어 가는 것이다. 사실 의식은 이처럼 우리 몸을 보존하기 위해 만들어진 것이다. 흔히 몸이 나라는 의식에 속해 있는 것처럼 말하지만 사실이 아니다. 몸이 우리에게 속하기보다는 우리가 몸에 속해있다.

결과적으로 내가 예측할 수 있어 내 마음대로 할 수 있는 것들은 나의 것이고 그럴 수 없게 되면 나 아니 다른 것이 되는 것이다. 그런 과정에서 나라는 의식과 경계가 만들어진다. 그러므로 나와 세상의 경계는 내가 과거에 예측하고 통제할 수 있었던 것들의 집합체들인 것이다. 이처럼 나란 것은 과거의 그림자일 뿐이다. 그렇기 때문에 나란 의식은 늘 고정되어 있는 것이 아니라 변할 수 있다.

그래서 마약을 사용하면 나와 세상의 경계가 무너지는 환상을 체험한다고 한다. 몽환 속에서 나라는 개체성이 사라지고 신비한 황홀감에 빠지게 된다. 이런 경험은 깨달음의 세계 속에서도 온전하게 존재한다. 완전한 깨달음은 나라는 개체성에서 벗어나게 한다. 나라는 의식에서 빠져나가는 순간 텅 빈 진여眞如의 공성空性이 된다. 나는 사라지고 텅 빈 적멸의 순간이 찾아온다. 그러면 너와 나의 차이가 없어진다. 네가 나이고 내가 네가 된다. 나라는 개체성은 사라지고 우주가 나이고 내가 우주가 되는 순간이다.

인간은 털 없는 원숭이이다

　인간이 원숭이와 같은 조상을 가지고 있다고 하면 인간 모독이라고 생각할까? 사실 이를 부정하고 싶을지 모르겠으나 침팬지와 인간의 염기서열의 차이는 불과 1%이고 개인 간 차이는 0.1%이다. 즉 인간과 가장 가까운 친척은 침팬지와 보노보인데 약 99%의 유전물질이 동일하다. 지금도 우리 몸에는 원숭이 꼬리의 흔적인 꼬리뼈가 남아 있다. 결과적으로 우리 호모 사피엔스는 영장류라는 포유동물이라 할 수 있으며 좀 더 자세하게는 유인원이라는 영장류의 하위집단에 속한다.

　이런 진화론을 부정하는 학자들은 진화론으로는 인간의 눈과 같은 정교한 기관으로의 진화를 설명할 수 없다고 주

장한다. 그러나 스웨덴 학자들이 빛에 대한 자극 반응성을 지닌 원시적인 동물세포가 너무나도 정교하고 복잡한 기관으로 진화하는데 불과 40만 년 정도이면 된다는 사실을 증명했다.

모든 진화는 성공적인 번식을 위해 발생한다. 즉 종족번식을 목표로 한다. 보다 어려운 환경 속에서 생존을 위한 적응과정을 거치면서 진화가 이루어진다. 이런 적응적 형질을 지속적으로 쌓아감으로써 정교하고 놀라운 생명체를 만들어 가는 것이다.

우린 지금도 아이가 잉태되어 태어나는 그 과정에서 짧게나마 인간으로의 진화과정을 경험하고 있는지도 모른다. 태아에게서 물고기 아가미의 흔적을 발견할 수 있는 것이 그 증거이다. 난자와 정자가 결합되어 만들어진 작은 생명체가 엄마 뱃속에서 성장하면서 모든 진화과정을 체험하고 있는 것이다. 아이를 잉태하면 초기에는 동물과 외관상 구분할 수 없고, 10주가 지나야 인간의 모습을 가지게 된다. 그리고 12주가 지나면 뼈의 조직이 형성되어 손가락 및 발가락의 구별이 가능해지며, 스스로의 움직임도 생긴다.

지금 과학은 우리가 살고 있는 지구와 동물의 진화 과정을 추정하여 여러 연구결과를 쏟아내고 있다. 빅뱅이라는 과정을 거쳐 우주가 탄생하기 시작한 것은 137억 년 전이라고 한다. 이 측정치는 95%의 신뢰도를 가지고 있으며 정확하게는 135억 년에서 140억 년 사이라고 한다. 이를 계산식

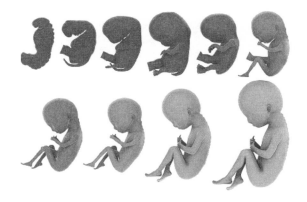

으로 나타내면 $(13.73\pm0.12)\times10^9$라고 표시할 수 있다.

그리고는 이로부터 88억 년이 지난 49억 년 전에 지구가 형성되었고 37억 년 전에야 이 땅에 생명체가 처음 나타난다. 이렇게 진화과정을 추적해가다 보면 5mm길이의 통 같은 몸 위쪽에 입과 촉수가 붙어 있는 단순한 구조의 수생식물인 히드라를 만날 수 있다. 이런 동물은 하나의 구멍이 항문과 입의 역할을 겸하고 있다. 음식물을 먹는 것이나 불필요해진 폐기물을 배출하는 것 모두를 하나의 구멍으로 해결한다.

그러다가 12억 년 전에 이성간 관계를 이용한 번식 방법을 선택하게 된다. 미지의 착취자, 경쟁자들과 겨루며 살아가기 위해서는 다양한 유전자로 삶을 시작하게 하는 것이 유리했다. 단 하나의 특성만 가지고 있는 것보다는 보다 여러 특질을 보유하고 있을 때 위험한 자연환경 속에서 생존할 수 있는 가능성이 커진다. 즉 남녀가 각각 다른 환경 속에서 자라나면서 터득한 특성을 이성간의 결합이라는 과정을 거쳐서 후손에게 전달할 수 있었던 것이다.

2억 년 전이 되어야 비로소 포유동물이 출현하게 된다. 앞서 만들어진 양서류나 파충류는 콧구멍이 우리의 입천장에 해당하는 부분에 있었다. 그러나 음식물을 씹어야 하는 포유류는 음식물을 입에 넣은 채 호흡을 동시에 할 수 없으므로 구강과 비강을 나누는 칸막이를 가지게 된다.

그리고 8,500만 년 전에 영장류로의 진화가 이루어 졌고 3,500만~2,500만 년 전에는 진짜 원숭이로 진화한다. 이런 동물들은 주로 숲에서 서식하며 살고 있었다. 그런데 1,500만 년 전이 되면 밀림이 크게 감소되기 시작한다. 이런 환경 변화에 맞춰 숲에서 나와 초원에서 살게 되면서 600만 년 전에야 두 발로 걷게 된다. 드디어 우리 조상이 다른 유인원의 조상으로부터 분파되어 나온 것이다.

그러면서 우리 인간은 획기적인 변화를 시도한다. 그 첫 번째는 털 없는 형태로 진화한 것이다. 그 이유는 땀구멍을 늘림으로써 사냥감을 추적하는 과정에서 발생하는 과열상태를 해소할 수 있었다. 즉 활동 과정에서 만들어진 체열을 땀으로 배설함으로써 보다 오래 걷거나 뛸 수 있게 된 것이다. 또 하나는 두뇌의 발달이다. 특히 본능과 감정부분을 담당하고 있는 구舊 피질에 이어 포유류 이후에야 획득한 고차원적인 정신활동 기능의 발전이다. 그 결과 인류는 250만 년 전에 석기 제작을 시작하였고 160만 년 전에는 불을 사용하는 방법을 터득했다. 이런 구석기 시대는 식량 생산을 시작하게 되는 신석기 시대를 맞이할 때까지 계속된다. 정착과 농업생산을 하기 시작한 새로운 시대가 1만 2천 년 전이라고 하니 석기 제작을 시작한 시대부터 종합해 보면 99.5% 이상을 구석기 방식으로 살아 왔다.

그래서 인간의 가장 큰 문제는 문화적 진보가 유전적인 진보보다 앞서간다는 것이다. 우리들의 유전자는 문화적인 진보를 쫓아가지 못하고 꾸물거리고 있다. 우리 몸은 아직 구석기 시대에 적합한 특질을 유지하고 있는데 환경은 전혀 다른 세상이 되어가고 있다는 말이다. 그래서 이런 시도들도 이루어지고 있는 것이다.

미국 실리콘밸리에서 곡물과 유제품 섭취를 줄이고 고기를 먹는 구석기 다이어트가 인기를 끌고 있다. 파이낸셜타임스FT는 미국의 최첨단 산업 부문에서 일하는 기술자들이 건강을 위해 10만 년 전 구석기인처럼 먹고 생활하기 시작했다고 보도했다.

실리콘밸리 기술자들은 앉아서 오랫동안 일하고, 밤새 일하면서 주로 피자와 패스트푸드를 먹어 건강에 문제가 많다.

구석기 다이어트의 가장 큰 특징은 곡물과 유제품을 줄이는 식단이다. 대신 채소와 고기를 먹는다. 음식뿐 아니다. 조깅 대신 사냥에 버금가는 강렬한 운동을 1주일에 두 번씩 한다. 매일 30분 이상 일광욕도 하고 밤에는 조명을 완전히 끄고 자는 등 구석기인처럼 생활한다.

　　현대인의 유전자가 구석기인과 같다는 것이 구석기 다이어트의 핵심 논지다. 즉 오랫동안 인류는 구석기인처럼 먹고 살았기 때문에 충분히 진화되지 않았다는 주장에 근거를 두고 그렇게 하는 것이다.

왜 우리는 경쟁하는가?

  인간의 뇌는 지금까지도 원시 시대에 머물러 있다. 그래서 항상 우리를 강하게 이끌 수 있는 가장 크고 힘센 수컷인 '알파형 리더'를 찾아간다. 미국에서 사회심리학자가 여름 캠프에 참가한 남학생들을 무작위로 두 그룹으로 나누어 경쟁하게 했더니 자연스럽게 보스역할을 하는 권력이 만들어지고 편견과 의혹에 의한 분쟁과 싸움을 시작하게 되었다.

  그리고 이런 알파형 권력을 차지하기 위해서 수컷들 사이에는 폭력과 싸움이 벌어진다. 대다수의 싸움은 지배적인 개체가 현재의 지위를 유지하고 강화하기 위해 협박하거나 공격하는 형태를 띤다. 반면에 종속적인 개체는 지배적인 개체의 공격을 조절하거나 지배적인 개체로부터 관용이나 호의를 얻어낼 목적으로 복종할 뿐만 아니라 여러 가지 서

비스를 제공한다.

이렇게 차지한 권력은 어떤 이득을 가져 오는 것일까? 동물 실험에서 확인한 결과, 서열이 높은 원숭이는 서열이 낮은 원숭이 보다 더 오래 살고 새끼도 더 많이 낳는다. 일반적으로 말해 더 건강하고 편안하며 스트레스를 덜 받는 삶을 살아간다. 그러나 또 다른 측면에서는 문제를 만들어 낸다. 권력을 지닌 남성은 그가 가진 권력과 성별 때문에 다른 사람의 입장을 이해하는 능력이 떨어진다. 이들은 "내가 누군지 알아?"하며 큰 소리를 치는 뻔뻔한 인간들이다. 특전을 누리는 것을 당연한 것으로 생각하며 모든 언행에 뿌리 깊은 특권의식을 가지고 있다. 남의 말을 끊거나 무시하며 물질적 피해를 주지는 않지만 도덕적으로 혐오감을 준다.

힘 있는 위치에 있다는 이유만으로 골칫덩이가 될 위험이 높다.

단지 자기가 권력을 가지게 되었을 때의 느낌을 5분간 적게 하고 다른 구성원에게 사탕을 나누어 주는 체험을 하게 한다. 그런 다음 무엇을 하게 하면 권력을 가진 자와 유사하게 행동한다. 결국에는 이런 결함이 그를 추락하게 만드는 것이다. 이것이 하늘의 이치이다.

내가 항상 옳은 것은 아니다

내가 판단한 것이 반드시 옳은 일이고 가장 합리적 것이라고 확신할 수 있는가? 아니다. 사실 우리는 많은 착각과 오류 속에 살고 있음을 여러 실험을 통해 알 수 있다.

증거 1

〈그림 1〉   〈그림 1〉

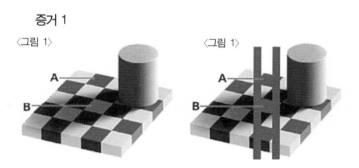

위의 〈그림 1〉를 볼 때 누구나 A가 B보다 어둡게 느껴질 것이다. 그러나 〈그림 2〉에서 보는 것처럼 두 4각형의 명도

는 동일하다. 다만 착시현상에 의해 그렇게 보일 뿐이다. '그림자 속에 있기 때문에 더 어둡게 보여야 할 B가 A와 비교하여 어둡지 아니한 것은 사실 A가 B보다 어둡기 때문이다' 라는 착한 가설을 만들어 착시를 보게 한다는 것이다. 사람들은 이런 편견을 더 신뢰한다. 이런 시각적인 착시는 빙산의 일각일 수 있다.

우리가 가지고 있는 모든 믿음이나 생각들은 뇌의 착시적인 해석일 수 있다는 결론에 도달할 수 있다. 우리가 보고 듣는 것은 모두 사실이라고 할 수 있는가? 아니다. 이처럼 감각기관을 통해 감지된 외부 정보마저도 자신의 믿음이나 경험을 정당화하는 해석방식에 사용될 뿐이다.

증거 2

만 4세가 된 아이들을 모아두고 다음과 같은 영상자료를 보여 주었다.

'두 소녀가 유모차와 인형을 가지고 놀다가 어떤 아이가 먼저 유모차에 인형을 놓아두고 나갔다. 뒤에 남은 소녀는 유모차에 있던 인형을 꺼내 나무상자 속으로 옮긴다.'

이를 본 아이들에게 "앞서 나갔다 돌아온 소녀가 어디에서 인형을 찾을까요?"라고 물으면 모두가 다 '나무상자' 라고 대답한다. 아이들은 내가 알고 있는 것은 상대도 당연히 알고 있다고 생각한다는 것이다. 그래서 심리학자들은 만 4세가 지난 후에야 상대방의 입장에서 이해하는 관점 전환능력이 생긴다고 한다.

증거 3

남성에게 여성들의 사진 10장을 순서대로 보여주면서 자신의 심장 소리를 스피커를 통해 들려주었다. 하지만 이는 실제 실험자의 심장소리가 아니라 실험자의 심장소리와는 정반대로 녹음된 심장소리를 들려주었던 것이다. 그 결과 호감을 느낀 여성으로 가짜로 가장 심장소리를 빠르게 뛰게 했다고 믿은 그 사람을 선택했다. 자기가 실제로 느꼈던 감정이 아니라 임의로 만들어낸 감정에 사람들이 속은 것이다. 이렇게 우리들의 감정은 믿을만한 것이 못된다.

증거 4

영국에서 대학생 1,600명에게 어린 시절에 대한 기억을 묻고 실제 그런 일이 있었는지 부모나 형제들에게 확인해 보았다. 하지만 이들 중에 20%는 실제 일어나지도 않은 일이 마치 있었던 것으로 착각하고 있었다. 결과적으로 우리 뇌는 자기가 원하는 방향으로 기억을 만들어 내기도 하고 잊고 싶은 일이 있으면 지워버리는 경우도 있다는 사실을 밝혀냈다.

우리는 늘 주변 상황을 정확히 보고 객관적으로 판단하고 있다고 확신하고 있으나 그것은 착각일 수 있다. 지금까지의 나의 기억이라는 것도 편의에 의해 조작된 사실일 수 있다. 이런 착각이나 잘못된 인식이 나쁜 것만은 아니다. 우리 인간은 자기가 가진 능력보다 더 우수하다고 생각하거나 현재 상황을 더 낙관적으로 전망하는 경향이 있다. 실제 설문조사에 의하면 94%가 자신이 자기분야에서 상위 절반에 속한다고 생각한다. 이를 '우수성 편향' 또는 '긍정 편향'이라고 하며 이런 착각이 우리 인류 발전에 기여했다고 볼 수 있다.

실제는 성공할 확률보다 실패할 가능성이 더 크다. 이런 객관적인 판단을 기준으로 미리 다 포기한다면 우리 사회는 더 이상 발전할 수 없었을 것이다. 인류 역사에 크게 기여한 발명이나 발견일수록 더욱 그렇다.

그러나 늘 이런 착각이 좋은 결과를 가져 온 것만은 아니다. 모든 비극은 이런 착각이나 잘못된 판단에 기인한다. 긍정적인 작용보다는 부정적인 측면이 훨씬 강하다. 아니 너무나 커서 비교할 수도 없다. 특히 사회적인 지도층이 이런 오류에 빠져 잘못된 정책 결정을 하는 경우에는 그 파급 효과가 더욱 크다 하겠다. 가장 어리석은 자는 스스로 어리석다는 사실조차 모르는 사람이다. 그러면서도 이런 저런 일에 간섭을 한다. 성공한 사람일수록 이런 잘못을 하게 될 가능성이 크다. 과도한 성공을 하게 되면 '내 생각', '내 방식'에 근거 없는 확신을 가지게 된다. 이를 '소유편향'이라고 하는데 나이를 많이 먹으면 먹을수록, 특히 성공에 대한 자신감이나 경험이 많으면 많을수록 상대방의 관점을 이해하는 데 서툴다. 그래서 크게 성공한 사람일수록 누구나 쉽게 이해하고 옳은 판단을 할 수 있는 상황에서도 보다 큰 실수를 할 수 있는 것이다. 자기 멋대로 판단하고 그 지시에 순종하도록 강요한다. 이들에게는 무엇이든 옳은 것이 아니면 그른 것이다. 좋고 나쁨을 즉각적으로 결정하고 자기가 내린 판단에 근거 없는 확신을 한다. 스스로 만든 가치 기준에 매몰되어 선악과 미추를 구분하고 선별한다. 이른바 닫힌도덕이란 덫에 빠진 것이다. 주변 사람과 세상이 지겹도록 바꿔지지 않는다고 착각하지만 정작 변하지 않는 것은 그들뿐이다.

자기가 잘못된 이해와 판단을 할 수 있다는 사실을 인정해야 한다. 우리 사회에는 크게 두 가지 부류의 리더가 있다. 자신이 조직에서 가장 똑똑한 사람이라고 생각하는 지도자들이다. 이들은 모든 것을 본인이 결정하고 통제해야 직성이 풀리기 때문에 다른 사람의 지성과 능력을 축소시켜 버린다. 이런 '디미니셔Diminisher'와는 다른 유형도 있다. 본인이 잘못된 이해와 평가를 할 수 있다는 사실도 잘 알고 있을 뿐만 아니라 다른 사람의 지성과 능력을 이해하고 인정한다. 그래서 그들이 가진 역량을 충분히 발휘할 수 있게 하는 '멀티플라이어Multiplier'가 되는 것이다. 과거처럼 의사결정이 경직되어 있어 매뉴얼대로만 해도 되는 사회에서는 멀티플라이어란 존재는 의미가 없었다. 점차 복잡해지고 전문화되어 가는 현시대 상황에서는 자기의 한계를 분명하게 알고 다른 사람들과 더불어 살아가는 자세가 필요하다.

소통이 문제다

왜 우리에게 아픔이 존재하는가? 통증이란 생존을 위협하는 자극을 피하기 위해 만들어진 진화적 속성이다. 무언가에 찔렸을 때 통증이 없다면 어떻게 되는가? 아픔이 없다면 외부의 침입을 방치할 수 있다. 그러면 생명을 잃게 되는것이다. 이처럼 통증이란 우리의 생명을 보존하기 위해 발전되어진 진화적 특성이다. 또 다른 의미에서는 소통이 멈추어 있음을 알리는 경고이다. 무언가가 침입하여 몸의 정상 운행을 방해할 때 아픔이 찾아온다. 외부의 바이러스가침투하여 우리 몸을 휘젓고 가는 경우도 그러하지만 독극물의 중독으로 신체의 일부가 마비되어 정상적인 소통이 중단되는 것도 그러하다. 이처럼 육체적인 고통이란 것은 정상적인 소통이 마비될 때 발생한다.

정신적인 고민이나 가슴 아픔은 어디에 기인하는가? 그건 사람과 사람 간의 소통이 마비될 때 나타난다. 상호 소통을 중단한 순간에 문제는 발생한다. 할 말을 하지 않고 사는 부부가 분노를 적절하게 분출하는 경우에 비하여 사망 위험이 4배 이상 높았다. 이처럼 소통이란 중요한 것이다.

　　우리 몸에 독소를 배출하는 분노라는 것도 때론 약이 될 수 있다. 세상사는 이치로 볼 때 그렇다. 결코 분노가 건강에 좋은 수는 없다. 하나 무엇인가를 강력하게 추진하려고 할 때는 이것이 필요하다. 한 실험에서 평온한 목소리로 설명하는 것보다 주먹을 쥐고 화가 난 목소리로 소리치는 영상을 본 대학생들이 좀 더 창의적인 아이디어를 낼 수 있었다. 자발적으로 이끌어 내어져야 할 창의적인 아이디어도 보다 강한 외부 자극을 받게 되면 좀 더 많은 성과를 낼 수 있다는 것이다.

　　가장 정상적인 소통은 우리가 사는 사회를 밝게 해준다. 생물학적 또는 문화적인 현상으로 나타나는 고통을 해소할 수 있는 가장 중요한 방법은 소통과 어짊이다. 아니 나의 이기심을 극복하고 남을 배려하는 어짊이 소통하게 만든다.

왜 부부는 싸우는가?

결혼하지 아니하고 혼자 살면 사랑의 쾌락을 맛보고 결혼의 아늑함을 누리고 싶어 괴로워한다. 허나 일단 사랑을 하고 쾌감을 맛보면 사랑은 곧 증오로 돌변할 것이다. 또 결혼을 하면 남녀가 서로 배려하는 아늑함을 느낄 것이다. 그러나 얼마되지 아니해서 권태감이 몰려와 불행해진다. 그 기간이 짧으면 4년, 길면 7년이다. 아니 불과 3년도 지나지 않아 싫증을 느낄 수 있다. 어느 베스트셀러의 책 제목처럼 '나는 아내와의 결혼을 후회한다' 것이 솔직한 고백일 것이다. 이런 저런 사회적 제약이나 또 다른 의미의 사랑이나 정이 이를 덮고 있을 뿐이다.

인간이 일부일처제를 기반으로 살아온 기간이 그리 오래되지 않는다. 그저 좋으면 거리낌 없이 만나 사랑을 나누고 둘 사이에 낳은 아이가 독립해서 살 수 있는 만큼만 되면 헤어진다. 그 기간이 3~4년이라 한다.

처음 남자와 여자가 사랑을 하게 되면 콩깍지 호르몬이 분비되어 보기만 해도 좋아진다. 단점이란 것은 보이지 않는다. 그래서 서로 사랑을 나누고 아이를 낳게 된다. 이것은 인간이 생물학적으로 많은 종족을 번식케 하기 위해 개발된 프로그램이다. 본능적으로 사랑의 호르몬이 나온다. 그러다 3~4년이 지나면 호르몬은 더 이상 만들어 지지 않고 멈추게 된다. 그 순간 상대방의 실체가 보인다. 이젠 거꾸로 나쁜 것만 보인다. 이것이 인간의 생리이다.

인간이 농업을 시작하면서 한 곳에 정착하며 살아왔던 기간이 전체 인류가 살아온 세월에 비하여 너무나 짧다. 사냥을 하거나 자연 그대로의 열매를 채취하며 생존을 하던 원시 시대가 일부일처제로 살았던 시기에 비해 40배나 더 길다. 그 시기에는 가족을 이루어 대단위로 움직이게 되면 그만큼 생존의 가능성이 적어진다.

지금도 적을 공격하는 전투 상황에서는 소수인원으로 특공대를 구성하여 몰래 침투하거나 공격하는 것이 효과적이다. 여러 명이 함께 움직이다가는 쉽게 적에게 노출될 수 있다. 먹잇감을 사냥을 할 때는 더욱 그러했을 것이다. 민첩하게 움직여야 비로소 성공할 수 있는데, 연약한 아이나 여자를 데리고 다닌다는 것은 생존 능력을 약화시키는 행위이다. 그래서 만들어진 생리적인 시스템이 콩깍지 호르몬이다. 우선 종족 번식을 위해서는 남녀 간의 사랑이 필요했다. 그래야 아이가 생산될 수 있다. 그리고 아이를 보호해 주어야 할 가장 기본적인 기간만큼만 호르몬이 만들어 진다. 이젠 일부일처제가 되었지만 생리 시스템은 여전히 원시인과 동일하다. 그래서 생긴 비극이 부부간 불협화음이다.

우리의 일상생활은 별 뜻 없이 반복되는 무의미한 '지나침' 이다. 특별할 것이 없는 일상이 반복될 뿐이다. 그런 과정에서 적응이라는 반응을 하게 된다. 결혼도 이와 같은 것으로 해석할 수 있다. 처음 몇 년은 새로운 것에 대한 자극으로 흥분한다. 그러나 서로에 대해 다 알아버리는 기간이 지나면 재미가 없어진다. 등산할 때 앞서 가는 남녀의 관계를 쉽게 파악할 수 있는 방법이 있다. 별말 없이 묵묵히 올라가거나 둘 사이 간격이 크게 벌어진 경우는 부부일 것이다. 그러나 웃고 맞장구를 치며 좋아하는 표정이면 그 사이는 애인관계이다. 부부가 3년 정도 같이 살게 되면 더 이상 알만한 것이 없게 된다. 이야기하지 않아도 다 안다. 알만큼

다 알게 된 것이니 새로울 것이 더 있겠는가? 서로에 대해 적응을 한 것이다.

이젠 이 정도면 애정을 강요할 수도 있다. 부인을 만족시킬 만한 남편도 없고 남편을 충족시킬 만한 여자도 없다.
남녀는 생리적으로 다르다. 언어 유전자가 있는 단백질이 남자보다 30% 더 많은 여자들은 말을 잘한다. 자기주장도 많고 잔소리도 한다. 이걸 이길 남자는 없다. 그리고 대체로 여자는 관계 지향적인데 비하여 남자는 합리적인 논리를 우선한다. 여자는 좋아하는 사람의 일이라면 보다 헌신적이다. 이에 비해 남자는 타산적이다. 계산을 해보고 이익이 되거나 합리적인 일이라야 나선다. 이건 무슨 조화 속인지 모르겠지만 여자는 29세가 되어야 겨우 15세 소년과 같은 오르가슴을 체험할 수 있다고 한다. 그러니 성적으로 만족시킬 수 있는 것도 쉽지 않다. 대체로 여자에 비해 남편의 나이가 많다는 것을 고려하면 더욱 그렇다. 무엇하나 딱 부러지게 남녀가 화합할 만한 조건이 없다. 그러니 부부 간에 다툰다. 전생에 원수가 만나 부부의 연을 맺는다고도 하지만 사실은 이런 까닭에 그러한 것이다.

우리 조상들은 이런 다툼에 대한 효과적인 조절장치를 가지고 있었다. 남편은 평상시 사랑방에 거주하며 외부 활동을 하고 부인은 집안일을 주도하며 안방에 거주한다. 따로 떨어져 있다. 그러다 가끔 만난다. 평생을 살아도 상대방에게 적응할 만한 만남이 적었던 것이다. 지금은 어떠한가? 항상 붙어 있다. 그러니 쉽게 상대를 알게 되고 적응해 버린다.

또 선조들은 서로를 존중하였다. 이렇게 배우자를 존중하고 경어를 사용하면 말을 함에 있어 절제가 있게 된다. 감정에 치우쳐 막말을 쏟아 놓기 어렵다. 타투어도 끝장을 볼 만큼 심화되지 않고 정화된다. 물론 이런 것들은 모두가 양반에게나 적용될 이야기이다.

평민이나 상민이야 이런 호사를 누릴 수 있었겠는가? 그들에게는 먹고 사는 일 자체가 고되었을 것이니 권태와 같은 사치스러운 감정은 무시되었을 것이다. 아니 출가외인出嫁外人이라는 단어로 여자의 일방적인 희생을 강요하기도 했다.

또 가난해서 방이 달랑 하나이고 결혼 즉시 아이를 낳게 되면 그 후론 정상적인 부부생활을 할 수 없게 된다. 그러니 이들 부부도 가끔 만날 수밖에 없다.

이러다가 여자들의 족쇄는 풀어지고 남자들은 준비가

덜 된 상태에서 이 시대를 맞이하게 된 것이다. 그러니 싸우면 극단으로 치우치거나 결별을 하게 된다.

이젠 부부 일심동체니 하는 말로 상대에게 강요할 필요도 없다. 결혼 전이나 신혼 초에는 그렇게 잘 해주더니 지금은 변심했다고 잔소리하며 애정을 구걸할 필요도 없다. 다 자연의 이치인 것이다.

지구는 작은 행성일 뿐이다

중세기까지만 해도 지구가 중심에 있고 하늘에 떠 있는 해와 달, 그리고 별들이 우리를 중심으로 움직인다고 믿었다. 그러던 것이 해가 중심이고 지구는 그 주위를 맴도는 행성이라는 사실이 밝혀졌다. 이 지구를 비롯하여 다른 행성들도 몇 개나 더 있다는 사실도 알게 되었다. 그러다 이 태양마저도 다른 무언가를 중심으로 떠돌고 있다든 것을 발견하게 된다.

해와 같은 항성이 수없이 많다는 것도 알게 되었다. 아니 이런 항성이 수천만 개에서 수천억 개가 모여 은하가 된다. 이른바 우리가 살고 있는 은하계에 이른 것이다. 이를 '우리 은하'라고 한다. 이런 우리 은하와 같은 은하가 천억 개 이상 존재한다. 실제로 우주에는 일천억 개의 은하가 있고 은하 하나당 평균 일천억 개의 별이 있는데 이를 계산하면 7×10^{22}개가 된다. 지구에 있는 모든 모래를 모은 숫자보다 10배나 더 많다. 1초에 하나씩 별의 숫자를 헤아린다고 해도 자그마치 2천조 년이 걸린다.

이 거대한 우주 속에 존재하는 지구는 하나의 모래알 정도의 크기도 안 되는 작은 존재이다.

우리 몸은 우주로부터
잠시 빌린 것이다

'쥐라기 공원'이라는 영화를 보면 공룡을 복제하는 장면이 나온다. 공룡이 활동하던 주라기 시대에 그 피를 빨아먹은 모기가 살아 있던 그 모습 그대로 보존되어 투명하고 예쁜 보석인 호박 속에 갇힌 것이다. 그 속에서 발견한 공룡의 단 한 방울의 피로 그 큰 공룡을 재생한다는 이야기이다. 과학적으로는 가능하다.

이를 우리 인간에게 적용하면 우리 사람도 한 방울 피나 단 하나의 세포만 있다면 또 하나의 생명체를 만들어 낼 수 있다는 것이다. 어디에서 나온 것이든 관계없이 전체 인간을 만들어 낼 수 있다. 손가락에서 축출한 세포라고 해서 그 부문만 만들어 내는 것이 아니라 그를 이용해서 전체 인간을 복제할 수 있다. 그렇게 본다면 손가락은 우리 몸의 일부이지만 또 다른 의미에서는 우리 몸을 대표하는 것이다. 인간의 몸을 구성하고 있는 세포는 각각 그 역할을 달리 하고 있으나 전체를 대표할 수 있는 속성을 가지고 있다. 하나의 세포는 한 사람의 모든 것을 간직하고 있는 것이다.

좀 더 나아가 개체로서의 인간을 살펴보면 이 또한 이와 유사하다. 사람을 포함한 생명체라는 것을 과학적으로 정리해 보면 '외부의 도움 없이 생존할 수 있는 독립된 상태'라고 정의할 수 있다. 그런데 외부의 도움 없이 생존할 수 있는 존재가 있을 수 있는가? 우리 몸은 철저하게 다른 식물이나 동물들의 생명을 먹어야 생존할 수 있다. 이들의 도움 없이는 스스로 에너지를 만들어 낼 수 있는 방법이 없다. 식물처럼 햇빛과 물과 이산화탄소만을 가지고 생명 유지에 필요한 에너지를 생산할 수 없다. 사실 식물도 햇빛을 포함한 다른 물질의 도움을 받고 있는 셈이다. 그러니 이 또한 다른 도움 없이 생존할 수 있는 것은 아니다. 사회적으로 보아도 그렇다. 오늘날 혼자 힘으로 살아갈 수 있는 사람이 있는가? 내가 입는 비단 옷은 누군가가 목화를 키우고 또 누군가는 이것으로 실을 만든다. 그리고 누군가는 이 실로 옷감을 짜고 또 누군가는 디자인을 하여 옷으로 만든 것이다. 그런 다음 여러 유통 과정을 거쳐 입게 된다. 모든 것이 이렇다. 단 하나도 나 혼자서 할 수 있는 일은 없다. 로빈스크로스가 되어 외딴 섬에서 산다 하여도 그가 생존해 나가는 데 있어서 필요한 지식들은 성장과정에서 습득된 것들이다. 정글 속에 태어나 타잔처럼 살아온 아이가 있다 하더라도 이들 역시도

영화 쥐라기 공원

다른 동물들의 도움이 있어야 생존할 수 있다. 아니 사람으로 태어난 이상 인간의 유전자를 가지고 태어난다. 이 유전자에는 우리 인류가 오랫동안 살면서 축적해 온 생존의 비밀이 간직되어 있는 것이다.

그렇다면 내가 생존하기 위해서 필요한 사람들의 범위가 어느 정도일까? 나와 가까운 친지만 있으면 되는가? 물론 사회적인 측면에서 보면 나의 생존을 위해서 가장 필요한 사람들은 그들일 것이다. 이들과 나는 서로 다른 독립된 개체이지만 서로에게 도움을 주기도 하고 받기도 한다. 각 개인 단위의 생명이란 것도 어떤 물질이나 구성요소가 모여 만들어진 단순한 집합체가 아니라 그것을 구성하는 여러 물질이 적절하게 모여서 서로를 도와주는 하나의 시스템, 유기체인 것이다. 하나의 생명체도 이와 같은 원리로 운영되고 있는 것처럼 주변 사람들과도 우린 이렇게 연결되고 서로에게 영향을 미치도록 만들어져 있다. 우리는 나를 둘러싼 여러 지인들과 보다 큰 단위의 생명체를 만들어 살아가고 있는 셈이다. 주변 사람들과 더불어 살아가고 있다. 가까운 친구가 행복하면 더불어 행복해지고 그들이 슬퍼하면 같이 우울해진다. 보다 큰 의미에서 하나인 것이다.

탈무드에 보면 재미있는 일화가 있다. 머리가 둘인 아이가 태어났다. 만약 인두세를 내야 한다면 한 명으로 내야 할까 아니면 머리가 둘이므로 둘로 내야 할까? 이에 대한 해답으로 한 쪽 머리를 탁하고 때렸을 때 다른 쪽 머리도 아프다고 찡그리면 그건 같은 사람으로 보아야 한다. 반대로 전혀 다른 반응을 보이면 비록 같은 몸을 사용하고 있지만 둘이라고 해석해야 한다는 것이다. 이런 논리를 보다 확대하여 우리가 비록 다른 몸을 하고 있지만 같은 감정과 반응을 보이면 보다 큰 의미에서 같은 생명체라고 할 수 있을 것이다.

이런 것과 관련하여 하버드대 연구팀이 측정한 결과가 있다. 그에 따르면 친구가 우울해 하면 우리가 우울해질 확률은 93%이고 행복한 친구가 곁에 있으면 행복할 확률이 25%이다. 친한 정도에 따라서 63%까지 증가한다는 것이다. 보다 큰 의미에서 주변 사람과 우리는 같은 생명체이다. 그렇다면 이것으로 끝인가? 앞서 이야기한 것처럼 우리 인간은 다른 식물과 동물의 도움 없이는 생존할 수 없다. 아니 늘 아침이면 떠오르는 햇빛과 깨끗한 물은 우리가 생존하는데 있어서 반드시 필요하다. 그럼 저 멀리 떨어져 있는 별들은 우리와 상관없다 할 수 있을 것이다.

　이 사람을 포함하여 지구에 널리 퍼져 있는 물질들은 우
주의 탄생과 소멸과정에서 만들어진 것이다. 저 멀리 반짝
이는 별들이 내뿜는 빛들은 수소가 융합하여 헬륨을 만드는
과정에서 발생하는 것들이다. 그런 것이 태양과 같은 항성
이다. 빛을 쏟아내던 별들이 가지고 있던 수소가 다 타서 사
라지면 이젠 스스로의 중력에 의해 무너지고 어둠 속으로
빠져든다. 이런 중력의 수축이 커져 내부 온도와 밀도가 증
가되면 어느 시점에서 다시 점화된다. 이 과정에서 드디어
탄소가 만들어 진다. 인간이나 동물들이 가지고 있는 그 탄
소가 이렇게 탄생되는 것이다. 남은 헬륨마저 다 소모되면
다음 단계로 나아가게 된다. 즉 탄소를 태워 네온, 마그네슘,
규소 등의 순으로 만들어 진다. 마지막으로 가장 무거운 철
이 만들어진다. 도구를 만들 때 사용되는 그 철이다. 이런 과

정을 거친 별들이 최종적으로 폭발하여 우주의 먼지로 흩어지게 되는데 그 과정에서 은, 금, 우라늄 같은 더 무거운 원소가 생성되는 것이다. 이렇게 만들어진 물질들이 모여 인간이 되고 세상 만물이 되는 것이다. 그러니 저 반짝이는 별들인들 우리랑 관계없는 것이 아니다.

미래 어느 날 과학의 발전이 절정에 이르면 하나의 세포로 사람을 복제할 수 있듯이 단 하나의 미세한 물질 하나로 이 우주를 복제할 수도 있을지 모른다. 이 우주의 시작은 작은 점이었다. 이것이 폭발하여 우주를 만든 것이다. 이것이 빅뱅이론이다. 하나의 미세한 점 속에 모든 것이 잠재되어 있다가 폭발적으로 팽창하면서 이 우주가 만들어진 것이다. 우주에 널리 퍼져 있는 모든 물질이 이 작은 특이점에서 시작되었다. 다 다른 것처럼 보이지만 모든 것은 하나였던 것이다. 그러니 하나의 작은 물질을 사용하여 이 우주를 복제할 수 있다는 말이 불가능한 것으로만 단정할 수 없다.

이런 의미에서 내가 우주이고 우주가 바로 나인 것이다. 그래서 어느 시인은 이렇게 노래한다.

나는 거지라네

몸도 마음도 다 거지라네

천지의 밥을 빌어다가

다시 말하면

햇빛과 공기와 물과 낟알을 빌어다가

세상에서 보고 겪은

온갖 잡동사니를 빌어다가

마른 수수깡으로 성글게 엮듯

잠시 나를 지었다. 네~

달이 뜨면 달빛이 새어 들고

마파람 하늬바람 거침없이 지나서간다. 네~

그래도 거지는

빌려온 것들로 날마다 꿈을 꾸고

빌려온 물과 소금으로 눈물을 만든다. 네~

나는 처음부터 빈털터리 거지였다네

삶 자체가 불평등이다

　가끔은 돈 많거나 집안이 좋아서 남보다 편안하게 사는 사람들을 보면 인생이 나무나 불공평하다는 생각이 들 수 있다. 아니면 지능지수가 탁월한 천재들을 보면 나는 왜 이럴까 하는 아쉬움에 빠질 수 있다.

　과거 역사를 보면 참으로 특별한 재능을 가지고 있음에도 불구하고 불우한 삶을 살다 가신 분들이 얼마나 많은가? 아니 억울한 죽음으로 이 세상을 마감한 사람들은 또 얼마나 많은가? 어찌 보면 사람들이 살아가는 것 자체가 불공평이다. 생물이 살아가기 위해서 가장 필요한 것이 무엇인가?

　우리 인간이야 종속영양이란 것을 하고 있으니 자생적으로 생명을 만들 능력이 없는 존재이다. 다른 생명을 먹어야 하므로 그렇다. 이에 비하여 식물들은 자생적으로 생명,

즉 세포를 만들 수 있다. 공기 중에 있는 이산화탄소와 물이 있고 마지막으로 햇빛만 있으면 된다. 이런 물질로 자기 세포를 만들어 갈 수 있다.

그런데 여기에 묘한 이치가 있다. 태양빛이다. 이것이 없으면 식물도 살아남을 수 없다. 이런 식물들의 생명을 먹어야 살아갈 수 있는 인간들은 말할 나위도 없다. 왜 식물들은 이런 햇빛을 이용하여 생명을 만들 수 있었을까? 그 핵심은 에너지의 차이이다.

세포는 다른 의미에서 활동 에너지이다. 또 살아 있는 것은 움직인다. 이 움직임이 끝난다는 것은 죽음을 뜻한다. 이런 움직임의 원동력은 에너지이다. 이런 에너지를 햇빛에서 가져와 사용하는 것이다. 엄청난 에너지 덩어리와 차가운 행성인 지구 사이에서 생명이 싹틀 수 있었다.

타오르는 태양빛만 있다면 생명이라는 존재가 만들어질 수 없었을 것이다. 그리고 차가운 행성만이 있어도 소용이 없다. 둘 사이에 존재하는 에너지의 차이가 생명을 만들어 낼 수 있는 비밀인 것이다. 식물이란 것은 저 넘쳐나는 태양 에너지를 가장 효과적으로 흡입할 수 있도록 만들어진 시스템이다. 거대한 태양에서 발생한 에너지를 잘 보존하고 이용할 수 있도록 진화한 것이 식물이다. 이처럼 생명은 에너지의 차이를 근간으로 하여 존재하는 것이다. 그런 후에 먹이사슬이 만들어 진다. 그 가운데에 인간이 존재한다. 생명 그 자체는 불공평함이 있어 존재할 수 있는 것이다. 그 속에 있는 인간도 이런 불공평함을 떠나 존재할 수 없다.

그러나 우리 한국인은 오래 전부터 절대 평등의식을 가지고 있다. 저와 내가 다를 것이 없는데 라는 생각이 강하다. 아니 왕후장상의 씨앗이 다를 것이 무엇인가? 누구의 잘남도 타고난 부유함도 쉽게 인정하거나 이해하기 어렵다. 부자를 보면 '저놈들은 다 도둑놈이야' 라고 비난하기 쉽다. '왜 난 저런 부자 집에 태어나지 못했는가? 아니면 '왜 저 사람처럼 천재로 태어나지 못했는가? 라며 자기 자신을 탓할 수 있다. 그러나 우리는 이 생명 자체가 불공평함을 의미한다는 것을 이해하게 되면 누구를 탓하거나 비난할 일도 아니다. '다 그런 것이지' 라고 하거나 모든 것이 다 당연한 것이라는 이치에 도달할 것이다.

그럼 평화가 찾아올 것이다. 이 세상의 불공평함을 탓하며 불평만하는 것으로부터 탈출할 수 있을 것이다. 그저 이 상황을 한탄하며 한량으로 생활하는 것을 멈출 수 있다.

미쳐 있는 사람은 혼자 무어라고 중얼댄다. 한없이 중얼

거린다. 자기의 불만을 또 다른 나를 향하여 떠들어 대는 것
이다. 혹 나의 의식도 그렇게 하고 있지 않는가? 미쳐 있는
사람은 무언가 말을 하며 떠들고 있지만 나는 속으로 중얼거
리고 있는 것은 아닌가? 좀 더 나은 성숙과 발전을 위해서는
이것을 멈추어야 한다. 모든 상황을 인정하고 이해하면 편안
하다. 그럼 좀 더 나은 방향으로 나아갈 수 있는 것이다.

　명상의 전통을 가진 우리 동양과는 다른 문회 속에 자란
빌 게이츠는 보다 이른 나이에 이런 이해와 인정을 터득했
다. 그래서 그는 이렇게 말한다.

> 인생은 공평하지 않으니 그것에 익숙해져야 한다.
> Life is not fair, get used to it.

불안은 생명을 가진 것들의
속성이다

고속도로를 무한 질주할 수 있다면 시속 몇 ㎞까지 가능
할까? 보통 일반 차량으로 120㎞를 초과하면 차체가 흔들리
고 부담을 느낄 수 있다. 좋은 차량이면 200㎞까지도 끄떡
없이 달릴 수 있을 것이다. 스포츠 차량이면 얼마정도까지
달릴 수 있을까?

카 레이서는 시속 얼마까지 달릴 수 있을까? 그런데 지
구가 공전하는 속도가 얼마인줄 아는가? 자그마치 시속
108,000㎞이다. 이를 초속으로 환산하면 30㎞이다. 일순간에
서울에서 안양까지 달려가는 것이다. 폭주도 이런 폭주가
없다. 우리는 이런 폭주열차를 타고 달리고 있다. 이것으로
끝인가? 자전이라는 것이 있어서 빙글빙글 돌면서 달리고
있다. 놀이공원에 가면 가장 인기 있는 시설이 공중에서 빙

빙 돌며 달리는 것이다. 그런데 우리 지구가 이렇다. 초속 30㎞로 달리면서 360도 회전한다. 그럼에도 불구하고 우리는 지구 중력이라는 안전벨트가 있어 편안하게 이 지구 속에서 살 수 있는 것이다.

조금 시야를 넓혀 보면 태양계 전체도 우리 은하의 변두리를 초속 220㎞로 순행하고 있다. 지구의 공전 속도보다 자그마치 7배나 더 빠른 속도이다. 그리고 이보다 또 더 넓게 보면 또 다른 은하계도 있다.

1923년에야 비로서 안드로메다라는 성운이 있다는 사실을 알게 되었다. 이외에도 수없이 많은 은하가 존재한다.

그리고 비로소 1929년, 모든 은하단이 지구로부터 멀어

중력 밖에 있는 우주의 위험성을 사실적으로 묘사한 영화, 'Gravity'

져가고 있으며 멀리 있는 은하단일수록 더 빨리 멀어져 간다는 것을 발견했다. 그 팽창 속도도 초속 70㎞라는 것이다. 그야말로 우리는 폭주 열차 속을 달리는 또 다른 폭주 열차 속에 있는 것이다. 이보다 더하다. 몇 단계나 더 있다.

비행기가 초속으로 달리면 작은 물체에 부딪치는 것만으로도 치명상을 입을 수 있다.

그래서 활주로에 둥지를 틀고 살고 있는 새들은 정말 위험한 것이다. 그 새가 초속으로 달리는 비행기와 충돌하면 그 순간 비극이 일어진다. 100층 이상 되는 초고층에서 떨어진 자그마한 조약돌이 엄청난 파워를 가진 무기가 될 수 있다. 그처럼 빠른 속도로 달리는 비행기에게는 비록 작은 새이지만 치명타를 줄 수 있는 위험한 존재이다.

이처럼 초속 30㎞ 이상 달리는 지구와 태양, 그리고 우리 은하에게는 더할 나위 없이 위험한 존재들이 항상 도사리고 있다. 언제 위험이 나타날지 알 수 없다. 우리는 항상 안전하고 평화롭기만 바라지만 그럴 수 없는 것이다. 이것이 우주의 원리이고 진리이다.

우리가 살고 있는 지구도 그러하지만 개개인도 또한 그러하다. 우리 인간에게는 생체 리듬이라는 것이 있어서 때

운석의 충돌

론 상승곡선을 타고 활력이 넘치는 활동을 하지만 하강곡선을 만나면 잠시 쉬어가는 소강상태가 될 수 있다. 보다 짧은 주기로는 초일주기 리듬ultradian rhythm이라는 것이 있어서 90분 혹은 120분마다 상승과 하강의 리듬을 경험한다. 한 시간 반에서 두 시간 정도는 활력에 넘치고 집중이 잘 되지만 그후 20분간은 피로와 무기력, 집중력의 저하를 경험하게 된다. 항상 에너지가 넘쳐나는 왕성함을 기대할 수는 없다. 때로는 쳐지기도 하고 때로는 앞서기도 하는 것이다. 항상 똑 같을 수는 없다. 나에게 늘 같은 것을 기대할 수는 없는 것이다. 이처럼 늘 위험이 도사리고 있는 것이 인간이고 우주인 것이다.

우리는 보다 평화롭게 안전함을 추구하지만 우리가 살고 있는 우주나 인간 자체가 그렇게 만들어져 있지 않다.

제 3 부

다르마 요가
그리고 작은 실천

혹독한 시련과 훈련은
우리를 강하게 만든다

우리는 시련을 만나면 좌절하고 세상이 야속하게 느껴진다. 사실 혹독한 수련 과정을 거치지 않고 큰 성과를 이룬 인물은 없다. 아니 이 세상은 거저 주는 법이 없다. 어려운 난관을 거친 사람만이 어떤 상황에서도 태연하게 대응할 수 있다. 큰 어려움을 경험한 사람에게 보다 작은 난관은 문제가 될 것도 없다. 어떤 상황에도 굴하지 않고 극복할 수 있다.

지금의 처지가 갑갑할 수도 있다. 빛이라고는 전혀 찾아볼 수 없는 절망적인 상황이라고 할 수도 있다. 왜 이러한 어려움이 나에게만 계속되는 것일까?

사실 혹독한 수련 과정 없이 고수가 될 수는 없다. 일식 요리를 하는 사람들을 보면 이런 과정이 명확하다. 처음 입문하면 3년을 생선 비늘을 벗기는 작업만 한다. 참으로 재

미없는 단순한 동작이다. 비늘을 벗겨 선임요리사에게 넘긴
다. 이런 초급 과정을 거치면 다음 단계가 기다리고 있다.
뼈와 살을 발라 나누는 것이다. 가운데 있는 생선뼈와 양쪽
에 붙어 있는 살을 나누어 이른바 생선회를 치기 좋게 만드
는 전초 작업이다. 이 과정 또한 몇 년을 거친다. 그래야 비
로소 생선회를 칠 기회를 가지게 된다. 이런 과정을 거친 요
리사는 생선을 다루는 마음태도부터 다르다. 처음부터 곧장
생선회를 치며 배운 사람과는 격이 다르다. 잽싸게 회를 쳐
접시에 담아 오면 생선은 살아 있는 그 모양 그대로이고 신
경은 살아 움직이고 있다. 칼질이 순식간에 이루어져 생선
살의 조직은 거의 상하지 않은 채 살아 있는 그 모양 그대
로를 유지할 수 있는 것이다. 그러니 이를 보거나 먹는 사람
들이 감탄하지 않을 수 있겠는가?

  역시 일본에 있는 큰스님의 이야기도 이와 다를 게 없다.
그는 오사카 의대 전문의 과정을 다니다 군의관으로 징집
되었다. 그러다 출가한 것이다. 그런 배움과 군 시절의 경력
도 수행 과정에서는 전혀 고려 대상이 아니었다. 오히려 다
른 사람보다 더 큰 고행이 기다리고 있었다. 다 늦게 출가한
그에게 주어진 것은 매일 50번씩 법당 마루를 닦는 일이다.

먹고 자는 시간을 빼고는 왼 종일 청소하는 일에만 몰두해야 했을 것이다. 이걸 1~2년 만 했던 것이 아니다. 자그마치 10년 간 그리했다. 그러면 불만이 생길 수밖에 없을 터인데 묵묵히 청소만 했다. 사실 마루를 닦는 자체가 가장 큰 공부가 되었을 것이다. 이런 혹독한 과정이 있었으니 큰 스승이 되었던 것이다. 사실 혹독함은 큰 인물을 만들기 위해 하늘이 주는 특별한 선물일 수 있다. 이것을 받기 거부하면 곧장 거두어 갈 것이다. 혹 나에게 주어지는 시련이 있다면 적어도 이런 상황을 비관하거나 좌절만 할 것이 아니라 나에게 주어진 소명이 무언지 찾아보는 것도 좋을 것이다.

깨달음을 얻기 위해서는 참선을 하는 방법만 있는 것이 아니다. 지금 하는 일을 그저 묵묵하게 하는 과정에서 이루어 질 수도 있다. 땔감을 하는 일로 평생을 보낸 스님도 있다. 그에게는 땔감을 하기 위해 산에 오르거나 낫질을 하는 자체가 수행의 방편이 된 것이다.

내가 그 일을 했기에 다른 사람에게 무엇을 기대하거나 욕심내는 것 없이 그 일에만 몰두한다. 자기가 해야 할 일을 아무런 잡념이나 사심없이 행하는 방식이다. 이른바 요가에서 다르마 요가라고 하는 것이 바로 이런 방식의 수행이다.

돈이 최고이다

'왜 사는가?' 라고 물으면 웃지요. 별 싱거운 소리 다 한 다든가 아님 한가한 모양이라고 할 수도 있다.

그저 생각 없이 열심히 사는 것이 전부인양 주어진 일을 열심히 할 수도 있을 것이다. 아니 이거 저거 생각할 시간이 어디 있어? '내 할 일 하기도 바쁜 세상에' 라는 생각으로 정신없이 살 수도 있다. 그렇게 한 세상을 살다가 가는 것도 나쁜 것은 아니다.

그러나 실상은 그렇게 사는 것이 쉽지 않다. 일만 열심히 하다가도 때론 나의 삶이 무의미하고 가치 없는 것처럼 느껴져 좌절감에 빠져들 수 있다.

이처럼 주어진 조건에 만족하며 잘 살다가도 다른 사람과 비교하며 좌절하기도 하고 상실감이 느껴져 몸부림 칠 수도 있다. 이런 감정은 어디에서 시작되는 것일까? 평가하고 비교하는 과정에서 생긴다. 나와 다른 사람을 구분하고 저울로 몸무게를 재듯 비교해본다. 남보다 날씬하면 좋아하다가 남보다 내가 더 체중이 나가거나 다른 사람이 조금이라도 더 예뻐 보이면 마음에 상처가 생길 수 있다.

요즘처럼 몸에 관한 관심이 고조된 시대도 드물 것이다. 우리 사회가 자본주의 사회로 전환되면서 정신보다는 물질을 앞세우게 되었고 사람에 대해서도 그 사람의 정신세계나 인품보다는 겉으로 드러난 생김새나 외부로 과시할 수 있는 지위에 초점이 맞추어진다.

이와 같이 삶의 다양성을 상실한 현대인을 일러 일차원적인 인간이라고 한다. 그러다보니 물질문명을 대변하는 돈과 권력만이 삶의 목표가 된다. 사실 돈과 권력이면 다 되는 세상처럼 보인다. 예뻐지려면 성형외과에 가야할 병원비가 있어야 하며 날씬해지려면 헬스센터에 등록할 비용과 다이어트 식품을 구입한 돈이 있어야 한다. 온통 돈이다.

권력이라는 것도 돈에서 비롯된다. 대통령이나 국회의원은 임기가 있지만 재벌은 기한이 없다. 자본주의 사회에서 돈이 권력인 것이다. 그러다 보니 돈이라는 렌즈를 통해 세상을 판단하고 행동하는 시대가 되었다.

마치 지금은 이익만을 논하는 춘추전국시대가 된 것이다. 그래서 우리가 사는 세상을 전쟁터로 비유하는 경우도 많고 피비린내가 나는 싸움터에서나 필요한 병법서가 중요한 삶의 지침서로 사용되기도 한다. 이익이 가장 중요한 사회가 되었다.

이익만 추구하는 전국시대를 한탄한 맹자가 다시 태어난다면 입이 쫙 벌어질 수밖에 없을 것이다. 군주가 이익만을 논한다면 그 신하들도 그러할 것이고 그 백성도 또 그렇게 될 것이다. 그렇게 되면 모두가 이익만을 밝히는 도둑이 될 수밖에 없다고 했다. 혹 우리가 그런 시대를 살고 있지는 않는가? 이와 같이 돈만 추구하는 일차원적인 삶만을 살다 보면 모든 것을 이익이 되는 것과 그렇지 않은 것으로만 나눌 수 있다. 즉 흑백논리만 존재하게 된다.

온갖 아름다운 색깔로 만들어진 이 세상을 검정 선글라스를 끼고 보는 격이 된다. 그 옛날 흑백 영화나 텔레비전을 보던 사람들은 이 느낌을 잘 알 것이다.

날씬하게 만드는
요가만 존재하는가?

　　요가를 시작하는 사람들을 대부분 살을 빼서 날씬해지려고 한다. 다들 몸을 끔찍이도 아낀다. 건강에 좋다고 하면 무엇이든 먹고 멋있게 보일 수만 있다면 많은 돈과 시간을 투자할 준비가 되어 있다.

　　사실 비만은 우리 몸을 망친다. 왜 비만이 발생하는가? 그 대답은 간단하다. 많이 먹고 적게 움직이기 때문이다. 체질적으로 나는 물만 먹어도 살이 찐다고 하는 사람도 있다. 우리 몸을 차량에 비교하여 설명해보면 체질적으로 적게 먹고도 필요한 에너지를 얻을 수 있다면 그것은 좋은 것이다. 아무리 먹어도 살이 안 찐다는 사람이 있다면 문제가 있는 사람이다. 차량으로 보면 연료만 삼키고는 운행할 수 있는 주행거리는 짧은 연비가 나쁜 몸인 것이다. 그래서 소비가 많은 사람이다. 우리 조상들이 사람을 볼 때 비쩍 마른 사람은 부유함과는 거리가 먼 사람으로 생각했다. 먹은 것에 비하여 활동이 필요할 때 동력원이 될 수 있는 축적된 에너지, 즉 지방이 적기 때문이다. 그런데 요즘에 와서 뚱뚱한 것은 미련스럽고 게으름의 상징이 되었다. 다들 날씬해지려고 한다. 사실 비만은 우리의 몸을 해치는 행위이다. 체질상 살이 찌는 체질이 있다 해도 정밀하게 관찰하면 먹는 것에 비하여 운동이나 활동량이 적어 생기는 병이다.

그렇다고 바짝 마른 체형이 좋은 것은 아니다. 젓가락처럼 마른 사람은 유난히 추위를 많이 타는 것을 볼 수 있다. 우리가 그렇게 기피하는 피하지방층이 추울 때는 체온을 유지하게 하는 기능을 한다.

지방은 우리가 비상시에 사용할 수 있도록 에너지를 비축하는 가장 효과적인 방식이다. 기아선상에서 해방된 것이 1970년대라고 하는 것을 보면 그 이전까지는 밥을 먹었느냐가 가장 중요한 것이었다. 그래서 인사가 '진지를 드셨습니까?'였다. 우리 인간은 언제 먹을 것이 떨어져 굶을지 모르는 시대를 오랫동안 견디어 왔다. 그런 상황 속에서 우리 인체는 가장 효과적인 방식을 찾은 것이다. 사용하고 남은 영양분을 지방으로 만들어 보존하는 것이다. 너무 많다고 버리는 것이 아니라 한쪽에 비축하고 있다가 사용하는 방책이다. 그래서 우리의 생존 확률을 그만큼 높일 수 있었다.

지금에야 끼니를 걱정하는 경우는 거의 없다 할 수 있으니 이런 에너지 저장창고, 즉 지방이 불필요한 것이 되었고 제거해야 할 대상이 되었다. 어제의 좋은 친구가 가장 위험한 적군이 되어 버린 것이다.

그렇다고 마른 것이 좋은가? 그건 아니다. 2013년 초 미국보건청에서 발표한 자료에 따르면 오히려 과체중인 사람이 정상범위에 있는 사람보다 먼저 사망할 확률이 6% 낮다고 한다. 왜냐하면 지방이 병마와 싸울 때 사람을 보호하는 역할을 하기 때문이다.

사실 요가를 하면 다 살이 빠지는 것이 아니다. 일반적으로 비만에 해당되는 사람은 물론 살이 쏙 빠지겠지만 정상보다 체중 미달인 경우에는 오히려 그 반대로 살이 붙는다. 그래서 정상 체중을 찾아 가는 것이다. 너무 살이 찌는 것도 좋지 않지만 그렇다고 지나치게 마른 것은 더욱 위험하다.

적게 먹어야 한다

대체적으로 현대인은 말라서 문제가 되기보다는 비만으로 인해 온갖 질병에 노출되는 경우가 더 많다. 사실 1kg의 음식과 음료수를 섭취한다면 1kg의 물질을 배출해야 한다. 그러게 하지 않으면 비만이라는 함정에 빠져들 수밖에 없다. 그런데 원시 수렵시대에 비해 우리의 운동량은 그렇게 많지 않다. 그 당시에는 먹을 것을 사냥하려면 온종일 혼신을 다해 뛰고 던지고 싸워야 했다. 그에 비해 우리는 온종일 책상에 앉아 있거나 차를 탄다. 움직임이 적을 수밖에 없다. 그러니 정상 체중을 지켜가려면 적게 먹어야 한다.

영국에서 전해져오는 어느 의학자가 남긴 에피소드가 있다. 평생 의학 발전을 위해 많은 공헌을 한 그는 무병장수의 비결을 적어 금고에 보관했다. 누구나 그것을 보고 싶어 했으나 그럴 수 없었다. 어느 자산가가 재산의 절반을 기념 사업과 의학발전을 위해 기증하겠다는 서약을 하고서야 그 금고 속을 보게 되었다.

그 비책을 여기에서 공개하려 한다. 모든 병의 원인은 음식에 있으니 분량은 되도록 적게 하여 잘 씹어 먹되 속이 가득차지 않도록 해야 한다는 것이다. 이것은 요가 경전에 도 기록되어 있는 말이다. 가장 중요한 것이다. 그리고 부차 적으로 추가한 기록이 있으니 머리는 차갑게 두어야 하고 발은 따뜻하게 해야 한다. 이를 우리 한의학에서는 두한족 열頭寒足熱이란 한마디로 표현하고 있다. 즉 머리는 차게 하 고 발은 따뜻하게 해야 한다는 말이다. 이것이 시대를 초월 하고 동서양의 경계를 넘어서는 비결인 것이다.

이처럼 적게 먹어야 함에도 불구하고 우리 인간은 어찌 하여 많이 먹어 비만이 되는가? 한국인이 좋아하는 삼겹살 같은 지방을 맛보게 되면 미각세포는 뇌로 신호를 보낸다. 그러면 뇌는 신경통로를 이용하여 내장 위쪽 세포에서 마리 화나와 같은 마약성분을 분비하도록 한다. 이 마약성분은 다시 소화물질을 나오게 해서 포만감을 잊고 음식을 계속해서 먹게 만든다.

이것은 에너지가 축적된 지방이 턱없이 부족한 상태로 오랫동안 살아온 인류가 조금이라도 지방이 든 음식이 있으면 계속 먹도록 진화된 까닭이다. 그러니 적게 먹는다는 그 자체가 어렵게 되어 있는 것이다.

그러면서도 우리 인간의 소화기관의 무게는 같은 체중의 다른 영장류에서 예상할 수 있는 무게의 60%에 불과하다. 비교적 적은 위장을 가지고 있는 우리는 다른 동물에 비해 적게 먹도록 되어 있는 것이다.

또한 음식을 씹는 우리들의 입과 치아도 적거나 약하게 되어 있다. 이처럼 작은 입과 약한 치아는 질긴 날고기 보다는 잘 익은 부드러운 음식을 먹는 과정에서 적응된 결과이다. 즉 모든 음식을 익혀 먹음으로써 부드럽고 열량이 높은 상태로 섭취하도록 만들어진 것이다. 음식을 먹을 때 일차적으로 삶거나 구워 먹어야 한다. 날 것으로 먹는 것은 아니다. 인간이 불을 사용하기 시작하면서 그 이전에 비해 더 건강하고 오래 살게 되었다. 그러니 익혀 먹어야 한다.

그리고 식사를 할 때는 음식에 집중해야 한다. 먹을 때 음식의 맛을 충분히 느껴가며 천천히 씹어 먹도록 해야 한다.

몰입은
자기 자신을 망각하게 한다

화두話頭란 말을 들은 바가 있을 것이다. 그 시작은 중국이지만 아직 그 전통이 살아남아 하나의 수행 방편으로 이용하고 있는 국가는 한국이다. 그 말 그대로 이야기의 첫머리, 즉 실마리라고 해야 한다.

가장 많이 사용하고 있는 화두는 역시 '니 뭣꼬?' 이다. 이는 '너는 무엇인가?' 라는 것의 경상도식 표현이다. 주는 사람 입장에서는 너가 되고 받는 입장에서 보면 내가 된다. 나란 누구인가? 생물학적인 이 몸이 나란 것인가? 아님 이런 생각과 마음을 가진 것이 나란 것인가? 처음에는 이런 이성적이고 분석적인 방식으로 생각을 할 것이다. 그러다 보면 이도 아니다. 저도 아니다. 그럼 나란 무엇인가를 다시 되뇌이며 생각을 집중해 가는 것이다. 마지막에는 나는 누구인가만 남고 모든 생각이 사라진다. 이것이 화두를 이용한 수행의 원리이다. 즉 화두가 옷핀이 되어 나의 생각을 잡아 두는 것이다. 다른 일체의 생각이 일어나지 않도록 텅 빈 공간에 고정시키는 역할을 한다. 일체의 잡념이나 망상이 일어나지 않는 경지에 이르게 한다.

이런 수행방식의 효과는 가끔은 학식 높은 학자에게도 나타난다. 아인슈타인의 경우가 그렇다. 어떤 물리학적인 문제에 골몰해 있기 시작하면 다른 생각이 정지한다. 그 문제만 남아 있고 다른 일체의 잡념은 사라진다. 그럼 높은 경

지에 이른 명상가와 동일한 뇌파의 움직임을 보여준다고 한다. 그에게 하나의 화두가 있었다. '빛의 속도로 달리면 거울로 내 모습을 비추어 볼 수 있을까?' 였다. 16세의 어린 나이에 시작한 의문이다. 거울에 비춰지는 것은 나로부터 시작된 빛이 거울에 반사되어 보여지는 것이다. 나로부터 시작된 빛이 거울에 도달하여 나의 시선이 닿기도 전에 내가 더 빨리 움직인다면 어떻게 될 것인가? 이었다. 즉 내가 빛의 속도로 움직인다면 거울에 있던 내 모습은 사라질 것이다. 이런 의문과 문제가 아인슈타인을 천재로 만들었다. 작은 의문점 하나가 몰입과 집중의 계기가 된 것이다. 이것이 집중과 몰입의 성과이다.

어찌 보면 성철스님이 평생 아인슈타인의 책을 읽고 그의 상대성 이론을 즐겨 보았던 까닭도 여기에 있을 것이다. 그들에게는 집중과 몰입이라는 공통점이 있었던 것이다.

암흑 에너지와 브라만은 같은 존재일까?

우리 지구는 태양을 중심으로 시계 반대 방향으로 공전하고 있다. 지구만이 그럴까? 아니 금성과 수성도 그렇고 목성과 토성도 같은 방향으로 회전하고 있다. 태양계에 속한 모든 행성이 그렇게 돈다. 조금 더 나아가 우리 은하에 속한 모든 별들과 물질들도 같은 방향으로 회전하고 있다. 이런 현상이 우리 은하뿐만 아니라 같은 은하계에 속한 모든 별들은 같은 방향으로 회전하고 있다고 한다. 왜 그럴까? 우리가 알지 못하고 보이지 않는 어떤 것의 작용으로 인한 것일까?

최근 과학자들이 어떤 특정한 은하의 움직임으로부터 추정하여 산출한 우주단의 질량은 관측된 은하들의 질량을 모두 합친 것보다 160배나 더 많았다. 즉 많은 별들이 궤도를 이탈하지 않고 정상적으로 운행되는 것을 설명하려면 그 은하에 속한 별들의 질량이 가진 중력만으로는 불가능하다는 것이다.

또한 우주는 계속해서 팽창의 속도에 가속을 더하고 있다. 특이하게도 이로 인해 은하 간 간격은 넓어져서 점점 멀어져 가고 있으나 은하 내에 있는 별들의 간격은 변함이 없다. 은하 내부는 그대로 유지되면서 은하 사이의 공간만이 점점 더 넓어지고 있는 것이다.

물론 우주 전체의 중력에 반하여 지금도 팽창하게 만드는 우주 에너지의 정체도 수수께끼이지만 이런 우주의 팽창에도 불구하고 은하계 내는 정상 간격을 유지하고 있다는

자체가 불가사의한 문제이다. 이미 다 타버린 별들과 우주 공간에 흩어져 있는 모든 물질을 합쳐도 추정된 우주 총량의 5%도 안 된다. 우주가 지금 보는 것처럼 만들어지려면 지금보다 다섯 배쯤 되는 물질이 더 있어야 한다. 그렇다면 그렇게 많이 존재해야 할 물질들은 다 어디에 있단 말인가? 그래서 엄청나게 많은 물질이 보이지 않게 퍼져 있다는 결론에 이른다. 뭉쳐 있지도 아니한 상태로 널리 퍼져 있기 때문에 보이지도 않는다는 것이다. 그 하나는 물질의 형태로 또 하나는 에너지로 존재한다. 이를 일러 암흑 물질 또는 암흑 에너지라고 한다. 이런 암흑 물질이 전체 우주 성분의 약 23%를, 암흑 에너지가 전체의 약 72%를 차지하고 있으리라고 추정한다.

사실 물질과 에너지의 속성은 동일한 것이다. 서로 전환될 수 있다. 물체에 가해진 에너지의 일부는 속도를 높이는 데 사용되지만 일부는 질량을 증가시키는 데 사용될 수 있다. 볼 수 없는 에너지가 질량으로 변환되면 시각적으로 보여 지고 만질 수 있는 물체가 된다. 이것이 현대 물리학이다.

보이지 않지만 분명하게 존재하는 암흑 에너지와 물질은 어떤 역할을 하는 존재일까?

앞으로 과학자들이 해결해야할 과제이지만 어찌 보면 이를 동양의 음양사상으로도 해석할 수 있다. 태초에는 혼돈의 상태로 있다가 태극이 만들어지고 이것이 음양으로 나뉜다. 세상에 존재하는 모든 것들은 음陰이 아니면 양陽이다. 암흑 에너지는 동양에서 말하는 양의 고향이고 암흑 물질은 동양에서 말하는 음의 원천일 수도 있다. 우리가 죽어 몸이 해체되면 에너지는 빠져나가 암흑 에너지 형태로 돌아가고 물질 또한 그런 것은 아닌가 하는 생각도 하게 된다.

인도에서는 자기 속에 있는 진정한 자아는 아트만이라고 하고 우주 속에 존재하는 보다 큰 진리의 세계는 브라만

이라고 한다. 그러면서도 아트만이 브라만이고 브라만이 아
트만이라고 한다. 혹 우리 속에 존재하는 에너지를 아트만
이라고 하고 우주 속에 널리 퍼져 있는 암흑 에너지를 브라
만이라고 하면 너무 과한 해석일까?

　　진정한 수행자는 이 아트만을 바로 보는 것에서 출발한
다. 이렇게 보면 내 속에 있는 에너지와 다른 사람 속에 내재
된 에너지는 다를 바 없다. 다 같은 에너지이지만 외부로 드
러난 형식이 다를 뿐이다. 이리 생각하면 모두가 하나이다.
　　우리 몸이라는 것은 잠시 빌려 입은 옷과 같은 것이고
진정한 의미에서의 나는 아니다. 진정한 나는 에너지이고
그런 상태에서는 너와 나의 구분이 없다.

가장 큰 도는 전쟁터에서
자기 목숨을 버리는 자이다

인도의 고전적 시구에는 이런 말이 있다.

> 요가에 몰입하여 자기를 부정하는 사람과 전쟁터에
> 서 자기 목숨을 바치는 사람은 태양계를 넘어 자유를 얻
> 는다.

자기를 부정하거나 전쟁터에서 자기 목숨을 바치는 사
람은 공통적으로 자기 보존 본능을 이긴 자들이다. 생물학
적으로 새겨진 이기적인 유전자를 극복한 사람인 것이다.
자기를 잊고 무언가에 몰두하면 엄청난 에너지가 나온다.
전쟁터에서 중상을 입은 병사들은 대개 안전한 장소로 대피
하거나 후송되기 전까지는 통증을 느끼지 못한다고 한다.

생사가 오고가는 전쟁터에서는 오직 전투에만 몰두하게 되어있다. 그 순간 나의 몸이라는 것도 잊게 된다. 그러니 중상을 입고도 통증이 느껴지지 아니한 것이다.

또 자기를 부정하는 자란 의미는 무엇인가? 나의 욕심을 부정하는 자이다. 행동의 결과보다는 지금 하고 있는 일에 집중하는 것을 말한다. 앞으로 얻을 이득을 생각하게 되면 그것은 욕심이 작용한 결과이다. 그래서 요가에서는 다른 사람과 비교하는 대신 자신이 다루고 있는 문제가 무엇이든 관계없이 그것에 집중하라고 한다.

행동의 결과에 관심을 모으는 것은 무지에 이르게 하는 방법이다. 우리는 큰일을 찾지 말고 위대한 사람으로 작은 일을 해야 한다.

명상 자세와 방법

　명상 방식에는 여러 가지 방법이 있으나 가장 대표적인 방식만 간단하게 소개한다.

　앉는 자세는 왼발을 밑으로 오른발을 위쪽으로 하여 다리를 포개고 앉는다. 가장 중요한 것은 발뒤꿈치로 항문과 성기 사이에 있는 회음혈을 막는 것이다. 그런 상태에서 허리는 반듯하게 세워 앉는다.

　턱밑에 주름이 생기도록 머리를 당겨주되 고개를 구부정하게 굽혀지지 않도록 한다. 혀는 위로 말아 입천장에 닿도록 해야 하고 두 눈은 가늘게 떠서 코끝을 주시하도록 한다. 마지막으로 모든 의식이 제3의 눈이라고 하는 눈썹과 눈썹 사이를 주시하는 방식이다. 이렇게 앉아 있으면 처음에는 잡념이 생긴다. 그러면 그런 망상을 지우려고 노력할

필요도 없다. 다만 그 생각이 나타남과 사라짐을 지켜보면
된다. 그러면 어느 순간, 모든 생각이 지워지고 제3의 눈에
집중된다.

그 상태로 머물면 된다. 또 그리 있다가 어디에 통증이
나타나면 그 통증이 어디에 있는 것인지를 살핀다. 이쪽에
서 통증이 느껴지다가 저쪽으로 옮겨간다. 통증이란 것은
본래 그러한 것이다. 종류 또한 그렇다. 때론 바늘로 찌르는
것 같이 느껴지다가 무거운 물건이 짓누르는 통증으로 변한
다. 그런 통증을 피하지 말고 주시한다. 그러면 그 통증이

사라지고 다시 찾아온다. 그러면 그때마다 제3의 눈에 주시하던 것을 잠시 중단하고 그 통증을 바라본다. 그러면 그것도 어느 순간 사라진다. 이것이 바로 명상이다.

부　록

식당은 마음 닦음의
터전이다

일상 속에서 깨달음을 찾는다

　우리의 계획이나 의지와는 상관없이 인생이 전개되는 경우가 얼마나 많은가? 지난 2년이 그러했다. 당초 회사를 퇴직할 때는 요가나 명상과 관련된 전문분야에서 일을 하고 싶었다.

　가장으로서 의무를 다하기 위해서 하고 싶은 일도 하지 못하고 어쩔 수 없이 돈을 벌기 위해 다람쥐 쳇 바퀴 돌듯 직장을 다닌다. 아니 처음에는 나름 적성에도 맞고 흥미도 있었지만 오랫동안 같은 일에 반복하다 보면 권태감도 생기고 만사가 재미없어지는 경우도 많아진다. 그럼 그 순간부터 자기가 하는 일에 싫증이 난다. 또 자기 실력이 부족하거나 운이 좋지 않아 승진에서 누락되다가 드디어는 뒷방 신세가 되어 버린다면 그 정도는 더해질 것이다.

그런 막다른 골목에서 우리 인간이 취할 수 있는 행동은 크게 두 가지다. 그저 포기하고 정년까지 꾹~ 참고 버티는 방법과 또 다른 인생의 전환점을 마련하기 위해서 용감하게 직장을 포기하고 새로운 분야로 도전해 가는 것이다. 보통 후자가 멋있어 보인다. 그래서 남자답게 위험한 선택을 하고 말았다.

　우연히 접하게 된 요가가 너무 재미있고 좋았다. 당초 운동이란 것에는 어떤 흥미도 느낄 수 없었지만 이상하게도 요가는 사람을 끌어당기는 묘한 매력이 있었다. 적어도 요가를 하는 그 시간만은 편안했다. 아무리 복잡한 상황에서도 요가를 시작하면 얼마 되지 않아 심신의 피로가 풀어지면서 편안해진다. 그래서 이거다 싶었다. 앞으로 이 일을 하게 된다면 나머지 인생은 신나는 일만 가득하겠지 하는 생각이 들었다.

　그런 생각을 가지고 치밀한 준비를 시작했다. 요가지도자 과정을 수료하여 자격증도 따고 요가와 관련된 전문서적을 구입하여 공부했다. 세상에 나와 있는 모든 책자를 다 섭렵하겠다는 결심으로 책을 모으고 터득했던 것이다. 다른 한편으로는 요가와 명상 시간도 점차 넓혀 그 체험의 깊이도 높여갔다. 조금이라도 관계가 있다 싶으면 그 분야에 관한 공부도 게을리 하지 않았다.

이젠 웬만큼 준비되었으니 요가가 태동한 인도와 현재까지 명상의 정통이 살아 숨 쉬는 티베트를 다녀오면 되겠다 싶었다. 장기 휴가를 얻어 순차적으로 다녀왔다. 정말 순탄하게 진행되고 있었다. 이젠 모든 것이 준비되었으니 더 이상 망설일 필요가 없었다. 퇴직하고 나가 마지막으로 누구도 쉽게 할 수 없는 특별한 공부를 하고 난 다음 새로운 일을 시작하면 되겠다 싶었다.

그렇게 야심찬 계획은 하나씩 실천에 옮겨지고 있었다. 먼저는 단식이다. 세상 사람들에게 깜짝 놀랄만한 기간을 단식이라는 것으로 보여주고 싶었다. 10일이나 20일 단식하는 것쯤은 누구나 할 수 있는 것이니 그 정도로 끝낼 수 있는 일은 아니었다. 인간이 생존할 수 없는 한계 상황을 극복해야겠다는 생각을 한 것이다. 오만하게도 예수님은 40일 단식을 했으니 그보다 더 긴 50일 단식을 하게 된다면 모두 깜짝 놀라 인정해 주지 않을까 하는 마음이 작용했다. 그래서 시작한 것이 50일 단식이다. 당초 그렇게 하면 깨달음의 경지에 이르게 될 것이라는 확신도 있었다. 그러나 모두가 헛된 일이다. 단식은 중도 포기 없이 정확하게 이행했다. 그러나 얻은 것이 없었다. 깨달음도 얻지 못했을 뿐만 아니라 이런 단식에 대해 크게 의미를 두는 사람도 없었다. 단지 기술적으로 굶고 버틸 수 있는 방법만 터득했을 뿐이다. 사실 이런 단식이 끝나면 많은 사람들이 존경하며 추종할 것이라는 생각도 없지 않았으나 그것은 착각이었다. 그래도 이왕 시작한 것이니 계속할 수밖에 없었다. 그래서 지난 8년 동안 공부한 것을 정리하여 책을 쓰기 시작했다. 하다 보니 너무 분량이 너무 많아져 두 권으로 나누어 마무리를 할 수밖에 없었다.

그렇게 책을 출간하고 명상 관련 전문 프로그램도 만들어 나갔다. 나름 어느 정도 정리되어 이를 널리 알릴 홍보인쇄물도 제작했다.

그렇게 준비를 마친 다음 정식 출범에 앞서 선생님을 찾아뵙게 되었다. 이젠 그동안 배우고 체험한 것을 바탕으로 명상센터를 운영하려 한다는 인사를 하기 위함이었다. 그런데 이야기는 엉뚱한 방향으로 흘러가고 있었다.

그 시점에서 추진하던 계획이 다른 방향으로 선회하고 있었다. 지금은 센터를 개관할 시기가 아니란다. 그래서 시작한 것이 식당이다. 개인적으로는 하고 싶지 않은 일이었다.

쉬운 일이 아니다. 특별히 할 만한 사업 아이템이 없으면 누구나 한번쯤 시도하는 것이 식당이다. 또 호텔에서 근무할 당시 가까이서 보아 온 것이 이것이었다. 모든 식당이 적자이었다. 객실에서 벌어서 먹여 살리는 계륵과 같은 존재이었다.

하지만 상황은 그리 전개되고 있었다. 식당을 개업하고 그 일을 시작하게 된 것이다. 주변 여건은 더욱 악화되고 있었다.

퇴직 후에 시작한 끝없는 추락

퇴직하고 집에 머물면서 어려운 일이 벌어졌다. 이른바 마음 닦음이 시작된다. 처음으로 겪게 되는 것이 실직자의 아픔이다. 수익은 없어지고 지출은 그대로이다. 가족에게 지금부터 별도의 수익이 없으니 긴축재정을 해야 한다고 선언한다.

며칠 동안은 나름 씀씀이를 줄여 가다가 다시 원위치하고 말았다. 과거의 습관대로 쓰고 사용한다. 중간 정산을 끝낸 퇴직금으로는 이런 소비를 감당하기에 턱 없이 부족하다.

그리고는 노동부를 찾아가 실업급여란 것을 신청했다. 그런데 이것이 자존심을 상하게 만든다. 많은 직원들에게 둘러싸여 존경 받는다고 생각했던 사람들은 여기에서 크게 상처를 입게 된다.

　퇴직자가 만나게 되는 마음 닦음의 일차 관문이다. 실업급여를 담당하고 있는 노동부 직원들은 마치 수사관이 피의자를 심문하듯 한다. 그렇지 않아도 실직자들은 주눅 들게되어 있다. 명예퇴직을 했다 하여도 같은 상황이었을 것이다. 왠지 이웃 사람들 보기에도 부끄럽다. 혹 아는 사람이라도 만날까 두렵다. "지금 무엇 하세요?" 라는 질문이라도 받게 되면 당황했을 것이다.

　처는 집안에만 있는 남편이 보기 싫다. 어제까지만 해도순종만 하던 그녀도 이때부터 바뀐다. 당연한 일이지만 남자 입장에서는 모든 게 낯설다. 재생 쓰레기를 버리는 날이면 여간 곤란한 일이 아니다. 버릴 것이 많으니 큰 것은 같이 운반하자고 하면 거절하기 어렵다. 딱히 할 일도 없다면더욱 그렇다. 쓰레기를 잔뜩 들고 나가다 아는 사람을 만나면 정말 곤욕스럽다. 자존심은 구겨지고 나란 존재는 버려진 것만 같다.

　이런 상황에 처한 실직자에게 실직급여 담당자는 피의자를 심문하듯 질문하고 이의를 제기한다. 열심히 구직활동을 하고 있다는 증거를 만들어 변명해야 한다. 이게 무슨 도움이 된다 말인가 하는 생각도 든다. 이런 것들이 자존감을 무너뜨릴 수 있다. 그것도 그리 큰 돈도 아니다. 상한선이 있기 때문에 그렇다. 본인이 낸 보험료로 만들어진 기금으로 주는 돈임에도 불구하고 마치 공돈이라도 주는 듯하다. 실업급여 담당자들의 태도가 그렇다

　이런 처지에 놓여 있는 사람들이 50대들이다. 그동안 열심히 일을 해왔는데 돌아오는 것이 겨우 이 정도인가 하는 생각도 든다. 그래서 정치에 대한 관심이 커진 것인 줄도 모른다. 지난 대선에서 보여준 50대의 투표율이 그것을 말해주고 있다. 자그마치 89.9%이었다. 어쩔 수 없는 사람만 빼고는 말 그대로 전원 투표를 한 셈이다. 우리들의 마음에는 ‘우리는 불쌍한 세대, 투표로 우리의 존재감을 드러내고 싶다’ 라는 의식이 있었던 것일까?

왜 식당인가?

집사람은 오래 전부터 식당이나 카페를 운영하고 싶어 했다. 몇 년 전에 대학 부설 사회교육원에서 바리스타 교육 과정을 수료하고 동업으로 커피점을 운영해본 경험이 있었으니 그러했다. 그러면서 다른 한편으로는 식당을 운영해 보고 싶다고도 했다.

인근 사찰에 계신 큰스님이 음식점을 하면 좋다고 추천 하셨다 한다. 그리고 해인사로 관광을 갔다가 선화를 그리는 스님을 만났는데 그도 식당을 하라고 하셨다 한다.

특히 큰스님은 특정 식당을 구체적으로 지목하면서 그 것을 인수하여 운영해보라고 하셨다. 그런 말을 듣고 있던 터라 언젠가는 해보고 싶다는 생각이 있었던 것이다.

이런 상황 속에서 요가센터를 운영해 보겠다고 고집을 피우면 이것 또한 욕심이 아닐까? 지나치게 요가 센터니 명상 프로그램에 집착하는 것도 욕심의 발로일 수 있겠다 싶었다. 그래서 나의 계획을 일단 보류하는 방향으로 전환하기로 했다. 이것도 공부가 되겠다 싶었다. 아니 조금 더 공부가 필요했는지도 모르겠다.

모든 것이 처음이니 창업과 관련된 지식의 확보가 먼저였다. 그래서 찾은 것이 소상공인 지원센터이었고 멀티카페 창업 과정이라는 교육 과정이었다.

그래서 창업에 필요한 공부를 시작했다. 가정 중요한 상권 분석 방법과 점포 위치 결정하기, 세법 등을 배웠다. 그리고는 마지막으로는 실습까지 하는 교육 과정이었다.

그런 다음 점포를 찾기 위해 나섰다. 가장 중요한 것이 위치이었다. 좋은 위치에 자리 잡는 것은 절반의 성공을 의미하기 때문에 신중해야할 필요가 있었다. 그래서 가장 먼저 한 일이 지도를 사는 것이었다. 그런 후에 좋은 점포를 찾기 위해 2개월여를 걷고 또 걸었다.

어찌 되었든 모든 것은 100여 점포를 둘러보고 결정한다는 마음으로 시작했던 일이었다. 하루에 많이 보아야 4개

정도 후보지를 볼 수 있다. 현장 사진도 찍고 주변 시장도 직접 찾아보고 확인한다. 여러 지원센터에 산재되어 있는 상권 분석관련 통계 자료도 찾아본다. 한참 무더운 여름을 우리는 그렇게 보내고 있었던 것이다.

새로운 상권으로 떠오르고 있는 미아 지역에서 시작하여 안암동, 종로를 거쳐 인사동과 삼청동을 훑어가며 찾아보았지만 허사였다. 괜찮다고 생각되면 그 가게에 붙어 있는 권리금이 너무나 높거나 아니면 그 장소가 가진 매력이 부족했다.

그러다가 처음으로 머물고 싶어 했던 장소는 삼선시장이었다. 이거다 싶었다. 일차적으로 점포를 정해두고 가격 타협을 시도하였다. 그러나 문제는 그 놈의 권리금이다. 쉽게 조정이 안 되었다. 그들이 요구하는 만큼 다 주고 입주할 수밖에 없는 상황이 전개되고 있었다. 최종 결정을 하기 전에 그 점포의 가치를 확인해 줄 수 있는 창업 컨설턴트가 필요했다.

그는 계약하기 전에 성북동 일대를 좀 더 찾아보라 했다. 그 날로 성북동으로 직행했다. 그런 다음 몇 번을 거친 끝에 도달한 곳이 현 위치이다. 그렇게 뜨거운 여름을 고스란히 담아내며 찾아다닌 고행은 마감을 준비하고 있었던 것이다.

그 옛날, 그 시절의 고향식당

그 옛날 그 시절에 있음직한 그런 식당이고 싶었다. 조선의 정궁, 경복궁 후원에 위치한 민속박물관에서 그 해답을 찾았다. 그곳에 실물 크기로 재현한 선술집은 우리에게 가장 좋은 교과서이었다. 그것을 찍어 공사업체에게 보여주며 그런 식으로 만들도록 했다. 식탁과 의자는 오랜 한옥을 해체하는 과정에서 얻어낸 원목으로 제작했다.

그런 다음 창문에는 우리가 좋아하는 한국화를 부착했다. 그 과정에서 정말 우연하게도 우리 식당과 딱 어울리는 그림을 찾게 되었다. 겸재 정선 선생님이 그리신 진경산수화이다.

한양을 배경으로 그리신 여러 산수화를 보다가 동소문이라고 쓰여 진 그림을 보게 된 것이다. 기가 막히게 딱 맞아 떨어지는 그림이었다. 당시 겸재 선생님이 그 그림을 구상했던 위치가 우리 식당 부근이라고 주장하고 싶을 만큼 우리 식당을 위한 그림이었던 것이다.

그 그림을 중심에 두고 여러 한국화를 배치하였다.

간송미술관에서 춘계 전시회를 개최하던 그때였다. 수수한 옷차림을 하신 일본 여성화가 한 분이 홀로 방문하셨다. 작년 가을에 처음, 올 봄에 두 번째로 오셨다. 부족한 일본어 실력을 필담으로 메워가며 대화를 나누고 있었다. 그러다 동소문 일대를 그린 그림으로 화제가 넘어가고 있었다.

민속박물관에서 전시되고 있는 고향식당
이 선술집은 식당을 만드는 데 있어서 가장 좋은 교과서가 되었다.

겸재 선생님이 혜화문(동소문) 일대를 그린 전경산수화. 그림 속에 보이는 성북천은 식당 앞을 가로지르는 큰 도로가 되었다.

그녀가 말하기를 우리 산수화는 명당을 위주로 그려진다는 것이다. 그리고 간송미술관이 위치한 장소 또한 하나의 명당이라는 것이다. 그 순간 뒤통수를 망치로 맞은 듯 큰 쇼크를 느꼈다. 의외였다. 그러고 보니 간송미술관도 그렇고 그 그림 속에 있는 성북동도 명당이었던 것이다.

한양 수도의 좌청룡은 낙산이다. 백두산의 힘찬 기운이 태백산을 타고 흘러내려와 수도 서울의 북쪽, 북악산에 머물었다가 이것이 다시 왼쪽으로 흘러 내려와 자리 잡은 곳이 성북동이다. 지금은 복개되어 볼 수 없으나 맑은 물이 앞으로 지나가고 있으니 이른바 산 좋고 물 좋은 명당일 수밖에 없다. 마을 앞으로는 맑은 물이 흐르고 뒤쪽에는 푸른 숲이 있으니 사람들이 살기에 좋은 땅이었던 것이다.

명당이란 무엇인가?

좋은 자연환경이 미치는 영향 사례 1

미국에서 소아마비 백신을 연구하던 면역학자가 있었다. 그의 노력이 몇 년 동안 교착상태에 빠지고 말았다. 그는 새로운 돌파구를 마련하기 위해 보다 좋은 자연환경을 찾아다니기 시작했다. 그러다 아름다운 풍광과 햇빛이 있으며 독특한 정신적인 기운이 서려 있는 성 프란체스코의 고향으로 내려가게 되었다. 드디어 그런 좋은 자연환경 속에서 백신 개발에 성공하게 된다.

보다 좋은 자연환경이 미치는 영향을 체험한 그는 미국으로 돌아와 캘리포니아 남부에 연구소를 만든다. 탁 특인 전망과 바다가 내려다보이는 위치에 자리 잡았다. 산책로와 수로의 배치가 조화를 이루게 했으며 멋진 풍광이 돋보이도록 했다.

이런 기운이 그 연구소에 근무하는 요원에게 영향을 미쳐 노벨상 수상자를 5명씩이나 배출하였고 많은 과학자들과 건축가들을 양성하는 요람이 되었다.

사례 2

1984년 「사이언스」지에 발표된 내용에 의하면 물리적 공간이 치유에 도움이 된다는 사실을 밝히고 있다. 담낭 제거 수술을 받은 환자 46명을 대상으로 절반은 숲이 보이는 창가에 침대를 배치하고 그 나머지는 벽돌담이 보이는 창가에 배정하였다. 그리고 이들의 치유결과를 관찰했다. 그 결과 숲이 보이는 창가에 있던 환자들이 다른 사람들보다 24시간 일찍 퇴원했을 뿐만 아니라 진통제 사용량도 적었다고 한다.

분명 좋은 자연환경은 우리에게 좋은 성과를 가져다준다. 전통적으로 좋은 자연환경이란 명당을 말한다. 그런 장소를 말할 때 흔히 사용하는 단어가 배산임수背山臨水라는 말이다. 뒤쪽으로 산이 있고 앞으로는 냇가가 흐르는 장소이다. 그런데 명당은 아무나 차지하는 것이 아니라 덕을 쌓은 사람만이 만날 수 있고 남에게 해를 끼친 사람은 명당을 발로 밟고 있어도 모른다.

누구나 명당에 터를 잡아 묘지나 주택으로 사용하면 발복하는 것이 아니라 악한 사람에게는 오히려 그것이 흉한 땅으로 변해 피해를 입는다고 한다.

드디어 공사가 개시되다

한편으로는 인테리어 공사를 하고 다른 한편으로는 기물을 구입했다. 그러면서 메뉴 선정도 했다.

음식 품목을 결정하는 과정만 보면 치밀한 계획보다는 그때마다 발생한 우연에 의해 전개된 측면이 더 강하다.

먼저 소고기 국밥이 그렇다. 이것은 어릴 때 먹던 그 국밥을 재현한 것이다. 소의 잡 뼈를 장시간 우려낸 사골국물이 기초이다. 그런 다음 한우 목심에 대파와 무를 넣어 끓여낸다. 사골 국물이 준비된 상태에서도 두세 시간이 더 필요한 작업이다. 시간이 너무 많이 소요된다. 집에서 단순하게 이 국밥 몇 그릇을 먹겠다고 끓여내는 것이 낭비이다. 그러니 식당에서의 판매품목으로는 무엇보다 적합한 것이었다.

근대적인 대중식당이 만들어지고 가장 처음 판매되기

시작한 것이 이 소고기 국밥이었다 하니 더 그럴듯한 품목이었다.

국밥 외에 가장 많이 팔리는 것이 제육볶음이다. 이것은 일체의 조미료 없이 만들어지고 있다. 사실 조미료만큼 자주 논란이 되고 있는 것도 드물 것이다.

우리는 감칠맛에 열광하고 있다. 어떤 유명한 식당 창업 컨설턴트의 이야기이다. 식당을 창업할 예비 식당주인들을 대상으로 고가의 세미나를 개최하고 있었다. 먼저 음식을 만들어 다들 나누어주고 시식하라고 했다. "맛이 어떻습니까? 괜찮아요?"라고 했더니 하나같이 고개를 가로저으며 아니라고 하더란다. 이번에는 조미료를 조금 넣고는 만들어서 먹어보라고 했다. 그래도 반응은 그다지 다르지 않았다.

그러자 강사는 조미료를 큰 국자로 푸욱 퍼서 세 번씩이나 넣고서 조리를 했다. 그런 후에 다 같이 시식을 하게 했더니 모든 참가자의 입맛을 만족시킬 수 있었다. 결론적으로 그는 가장 쉽고 명쾌하게 맛의 비밀을 전수한 것이다.

사실 이 조미료가 유해하다는 확실한 증거도 없다. 그러니 나쁘다고 할 수도 없다. 다만 우리 식탁에 감칠맛만 남아 있고 다른 맛은 다 사라지는 것은 아닌가 하는 아쉬움이 든다. 모든 식품에는 그들이 가진 고유의 맛이 있다. 그런데 모든 음식에 조미료를 넣어 그 고유의 맛을 잃게 한다면 그 것은 아니다 싶다. 마치 이 세상은 수많은 색깔로 만들어진 아름다운 세계임에도 불구하고 흑백으로 바꾸어 본다면 참 으로 아쉬운 일이 되고 말 것이다.

돼지고기는 달콤하고 고소한 그대로 고유의 맛이 있고 오징어에는 담백함과 씹을수록 느껴지는 독특한 맛이 있다. 그래서 우리 조상은 식재료가 가진 그 맛을 살리는 방식으 로 음식을 만들었다. 다만 소금과 매실을 이용하여 맛의 풍 미를 더했던 것이다.

다음은 막걸리 안주로 그만인 빈대떡이다. 일반적으로 판매되고 있는 빈대떡은 튀김에 가깝다. 기름을 듬뿍 넣어 튀기듯이 요리를 한다. 그에 반하여 기름을 적게 넣고 옅은 불에 굽는 방식을 채택한 우리의 빈대떡은 시간이 많이 걸 린다. 여기에 국산 돼지고기를 볶아 넣는다.

모든 메뉴가 이렇다. 그러다보니 조금은 늦고 효율은 떨 어진다. 다소 늦지만 가정에서 가족을 위해 정성껏 요리하 는 방식으로 만들어진 음식을 찾는 분들에게 좋아할 만한 음식이 되어가고 있었다.

여기에 맞추어 메뉴판도 만들고 기물도 준비한다. 여러 자료를 찾아 한국적인 디자인으로 메뉴판을 만들었다. 영국 여성이 그렸다는 동대문과 청계천을 그린 그림도 삽입했다. 정지용 시인과 적벽부에 나온 시 한 구절도 인용하여 적어 넣었다. 그리곤 기물을 사기 시작했다.

가벼운 것들은 고속터미널 지하상가에 있는 기물 시장에서 구입하고 보다 많이 필요한 것들은 경기도 이천에 가서야 살 수 있었다. 역시 다리품이다. 많이 걷고 찾아야 보다 좋은 것을 확보할 수 있다.

부엌에서 필요한 주방 기물들은 황학시장에서나 찾을 수 있었다. 상가에는 냉장고와 가스버너를 포함하여 각종 기물이 가득하다. 필요한 품목과 수량을 확인하여 구입하기 시작했다. 다른 한편으로는 인테리어 방식에 대해 업체와 협의도 한다.

식당 바닥은 유명한 설렁탕집에서 아이디어를 차용했다. 그리고 천정에 매달 전구는 종로 상가에서 직접 보고 선택했다. 이런 준비도 서서히 마감하고 있었다.

일상의 괴로움과
생활 속에서의 명상 TIP

　개업 초에는 많은 실수를 한다. 모든 것이 당혹스럽다. 서당 개 삼년이라고 직접 서비스를 담당한 것은 아니지만 나름 서비스 업계에 오랜 몸담고 있었으니 그 정도쯤이야 라고 생각했던 것은 큰 착각이었다. 다 낯설고 어색하기만 했다. 주로 책상에 앉아 서류를 작성하고 관리업무만 했던 사람으로서는 도저히 상상할 수 없는 것들이 있었다. 갑자기 하층민으로 전락한 왕자가 된 듯하였다. 가끔은 전에 근무했던 직장이 꿈속에 나타나곤 했으니 더욱 그러했다. 모든 것을 내려놓아야 하는 그런 시기이었다.

　우린 흔한 착각 속에 산다. 지난 과거는 전부 좋았을 것이라고 치장하는 경우가 많다. 직장을 퇴직하고 다른 일을 시도하는 사람이라면 특히 그러하다. 실은 그 지난 과거라는 것도 정확하게 따져보면 그리 좋은 것만 아니었다. 다만 그렇게 기억하고 싶은 마음이 그리 만든 것이다.

완전한 깨달음을 얻기 전까지는 우리는 이런 착각과 번뇌로 괴로워해야 한다. 이런 아픔과 괴로움에서 벗어난다는 것 자체가 불가능할 수 있다. 나라는 생명이 다하여 끊어지기 전까지는 사실 어려울 수 있다. 나란 생각은 지난 과거의 축적이고 기억이기 때문이다. 그것도 내 마음대로 만들어낸 착각들일 가능성이 크다.

그래서 나이가 들면 지난 과거에 빠져들어 살기 싫다. 지난 과거의 화려했던 시절을 추억하며 회상한다. 그런 이야기를 하며 즐긴다. 그럼 지난 과거 속에서 빠져나오기 쉽지 않다. 아니 지금 이 순간에 집중할 수 없게 된다.

이럴 때 명상이 큰 역할을 담당한다. 명상을 하면 이런 망상의 실체를 깨달을 수 있다.

편안하게 앉아 제3의 눈에 의식을 집중하면 순식간에 망념을 끊어지고 입 속에서는 달고 단 군침이 만들어진다. 긴장을 하면 침이 마르고 입술이 탄다. 그런데 명상에 집중하면 거꾸로 입 속에서 달콤한 군침이 만들어진다. 그럼 보다 안정된 마음을 가질 수 있다.

늘 지금 이 순간에 집중하면 좋지만 그렇게 할 수 없는 것이 인간이다. 나라는 생각 자체가 나의 생명을 보존하기 위해 만들어졌기 때문이다. 생명이 붙어 있는 이상 나라는 생각 그 자체를 완전하게 제거할 수는 없다. 다른 측면에서 보면 명상은 생각의 정지이고 휴식이다. 복잡한 망상을 떨쳐내는 정신적인 샤워이다. 뜨거운 물에 몸을 담그고 묵은 때를 벗기는 것처럼 명상도 그러하다. 명상도 생활 속에 묻은 이런 잡념을 제거하는 작업이다.

또 다른 명상 방식도 있다. 다만 이런 현상을 지켜보는 것이다. 어떤 생각이 일어난 그 순간, 그를 지켜본다. '아~ 내가 이런 생각을 하고 있구나! 하고 이를 지켜보면 그 망상으로부터 벗어날 수 있다. 우리가 영화를 보듯 나를 위에서 지켜보는 것이다. 일상을 살아가는 우리는 틈틈이 이런 자신을 지켜봐야 한다. 잡념이 완전하게 사라질 정도로 지켜 볼 수 있다면 좋지만 잠시라도 이런 마음작용을 지켜보아야 한다. 그러다 보면 이런 지켜봄이 점점 더 조밀해진다. 지나 과거로부터 시작된 아픔과 괴로움이 송곳이 되어 어느 것 하나 들어갈 구멍 없이 촘촘해 지면 그것이 깨달음이다.

손목 증후군과 손가락 요가

식당 일 가운데 가장 하기 싫고 어려운 일이 설거지이다. 음식물이라는 것이 먹을 때는 좋지만 먹고 버릴 때는 보기도 싫다. 잔뜩 쌓여 있는 그릇이나 냄비를 보면 더럭 겁부터 난다. 그리고 남은 잔반도 더러워 보인다. 그릇에 남겨진 음식물 찌꺼기를 통에 버리고 남은 그릇은 세제를 이용해서 닦아야 한다. 그런 다음 다시 물에 헹구어 내는 작업이다. 다른 한편으로는 숟가락과 젓가락은 삶아 소독을 해야 한다. 사실 음식을 만드는 것보다 이것이 더 중요할 수 있다.

우린 무언가를 만드는 일만 좋아한다. 맛있게 조리하는 방법은 온갖 프로그램으로 소개되고 방영되지만 그 뒤에서 정리하는 노고는 방치한다. 창조는 파괴를 바탕으로 할 수

있다. 좋은 건물을 지으려면 기존 건물을 깨끗하게 제거해
야 한다. 맛있는 음식을 만들어 먹으려면 기존의 불결한 잔
존물이 제거되어야 한다.

냄비에 붙어 있는 것들은 철수세미를 사용해야 벗겨낼
수 있다. 이런 것들이 힘이 든다. 그래서 식당 일을 하다보
면 손목과 손가락을 많이 사용하게 된다. 그러다 보면 손목
증후군이나 손가락의 힘이 약해지는 증상이 나타난다.

어느 날인가 잔을 들고 마시려는데 손목의 힘이 탁 풀리
면서 컵이 툭 떨어진다. 이른바 손목 증후군이 나타난 것이
었다.

손가락 요가

우리 두뇌에는 신체 각 부위별로 담당하는 뇌 신경세포가 따로 있다. 손, 얼굴, 혀와 같이 예민한 부문은 더 많은 세포가 분포되어 있고 기타 허리, 팔은 적은 분량을 차지하고 있다. 그러나 이런 뇌 세포 분포도는 고정되어 있는 것이 아니라 훈련이나 사용량에 따라 변화될 수 있다.

가장 뇌세포가 많이 배당되어 있는 손과 얼굴, 혀 가운데 유일하게 운동을 통해 강화할 수 있는 부분은 손뿐이다. 손의 운동량을 크게 하면 그 부위를 담당하고 있는 뇌세포 활동이 활성화된다. 뇌출혈로 인해 마비 증상이 나타날 때 꾸준하게 손과 손가락에 자극을 주거나 운동을 하면 비교적 좋은 효과를 볼 수 있는 것도 다 이런 까닭이다.

이런 손가락 요가에 관심을 가진 것은 순수하게 직업상

의 이유이다. 대개 식당에서 일하는 많은 사람들이 손목 증후군을 호소한다. 손목 부위에서 날카로운 통증이 느끼거나 손가락 자체를 구부리지 못하는 증상들이 이런 것이다. 이런 병증을 해결하는데 도움이 될 만한 손가락 요가를 간단하게 정리해 보았다.

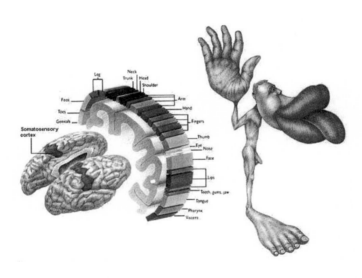

신체 각 부분을 담당하고 있는 뇌세포 분포도

제1동작

– 오른손 엄지손가
  락을 왼손 엄지
  손가락 위에 올
  려놓고 왼손바닥
  으로 오른손을
  감싸준다.

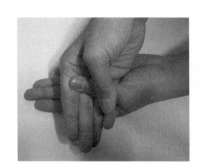

– 숨을 들어 마시고
  내쉬면서 오른손 엄지와 손바닥을 이용하여 왼손 엄
  지손가락을 눌러 자극을 준다.

– 이렇게 3번 반복하여 왼손 엄지를 눌러준 다음 두 손
  의 역할을 바꿔서 똑같은 방법으로 3회 실시한다.

※ 모든 동작(1~5동작)은 호흡을 내쉬면서 하되 자극을 줄 때는
마음속으로 3번을 셀 동안 호흡을 멈춘 상태로 정지해 있다가 다시
천천히 호흡을 들어 마
시며 풀어준다.

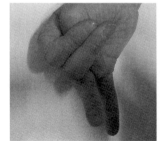

제2동작

– 엄지손가락을

구부리고 집게손가락과 가운데 손가락을 그 위에 부
드럽게 감싼다.

– 숨을 내쉬면서 집게와 중지를 이용하여 엄지를 눌러
준다.

제3동작

– 집게손가락을 엄
지 밑 부분에 있는
둔덕을 누르면서
구부린다.

– 엄지손가락으로
집게손가락을 눌
러주는데 이때 나
머지 손가락은 위로 펴준다.

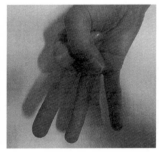

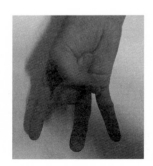

제4동작 –

– 가운데손가락을 구부려
손바닥 둔덕에 이르게 한 후
엄지손가락으로 가볍게 눌
러준다.

제5동작

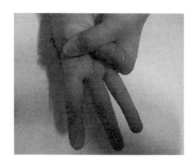

- 오른손 새끼손가락을 손바닥 둔덕 위에 닿도록 구부린다. 그 위를 엄지손가락으로 눌러 준다.
- 왼손으로는 오른손 뒤쪽을 감싸고 왼손엄지는 오른손 엄지손가락 위에 둔다.

제6동작

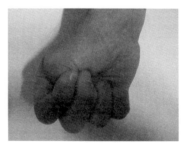

- 엄지를 먼저 구부린 후에 나머지 네 손가락으로 숨을 내쉬면서 감싸 쥔다.
- 숨을 들어 마시면서 손을 활짝 편다. 이것을 7번 반복한 다음 두 손을 아래로 내리고 리듬 있게 흔들면서 털어준다.

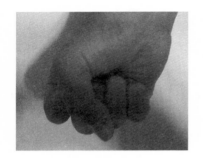

제7동작

— 주먹을 느슨하게 쥐면서 숨을 들어 마신다. 이때 엄지손가락이 약지 위에 얹히도록 한다.

— 강하게 숨을 내쉬면서 주먹을 다시 힘껏 쥔다. 이것을 7번 반복한 다음 두 손을 펴고 가볍게 흔들어 준다.

제8동작

— 두 손바닥을 서로 맞댄 후 깍지를 낀다.

— 손바닥을 앞으로 가게 하여 팔목을 쭉 펴준다. 이렇게 3회 반복하고 두 손을 가볍게 흔들어 준다.

서서 일하는 사람들의 고통

오래 서서 일을 해야 하는 사람들에게 흔히 찾아오는 것이 하지 정맥류 같은 것이다. 다리 부위에 파란 정맥류가 올라와 두드러지는 것을 말한다. 아니면 허리에서 통증이 발생하여 아래쪽으로 전달되는 경우도 있다. 모든 것이 기$_氣$가 밑으로 쳐지면서 발생하는 것들이다.

그럴 때 사용할 수 있는 몇 가지 방법이 있다. 가장 쉬우면서도 하기 어려운 방식이다. 혀끝을 말아서 입속 천정에 있는 목구멍 속으로 깊숙하게 넣어준다. 즉 혀를 길게 뽑아 입속 목구멍을 혀끝으로 눌러주는 방법이다. 처음에는 힘들 수 있다. 그러나 계속 시도하다 보면 된다. 처음에는 몸살 아닌 몸살로 고생할 수도 있다. 그래도 계속해야 한다. 그럼 어느 순간부터는 자연스럽게 늘 그 상태를 유지할 수 있다.

이 행법을 하다보면 말이 적어진다. 왜냐하면 말을 하려면 위로 말아두었던 혀를 풀어야 하기 때문이다. 가끔은 주변 사람들로부터 오해를 사기 쉽다. 무어라고 말을 했는데 대답을 늦게 하거나 하지 않게 되니 그렇다.

　다음은 서서 설거지를 하거나 서 있는 동안에 항문 주위에 있는 괄약근을 조여 주는 방법이다. 늘 그렇게 하고 있을 수는 없다. 잠깐씩 괄약근을 조여서 밑으로 빠져나가는 기운을 저지하는 방식이다. 이런 것들은 일상 속에서도 행할 수 있다.

　그리고 별도의 시간을 내어야 할 수 있는 동작이 있다.

물구나무 체위 1　　　물구나무 체위 2　　　어깨서기 체위

이 체위로 오랜 시간 견디면 견딜수록 좋다.

하체를 들어 위로 가게하고 상체를 밑에 두는 방식이다. 그
자세 중에 거꾸로 서는 물구나무 자세가 가장 좋다. 처음에
는 어려우니 전문가의 도움을 받는 것이 좋다. 벽에 기대어
거꾸로 서다가 익숙해지면 홀로 선다. 이와 같은 자세가 어
려우면 어깨서기 자세를 하면 된다. 이것도 동일한 효과를
가져 온다.

담요를 두껍게 깔고 그 끝선에 어깨를 대고 눕는다. 그
럼 다음 다리와 하체를 들어 올린다. 어깨를 밑에 두고 허리
와 하체를 전부 들어 공중 높이 올리는 자세이다. 위의 물구
나무 자세가 요가의 왕이라고 하면 이 체위는 요가의 여왕
이다. 허리와 다리 그리고 발이 일직선이 되도록 곧게 펴고
정강이는 붙인다. 이런 자세로 10분 이상 유지하고 있어야
한다. 오래 이 동작을 유지하다 보면 기의 흐름을 느낄 수
있다. 하체에서 진동이 일어난다. 이른바 내려가던 기운이

다시 회복되는 증거이다.

　또 다른 체위로 앉는 자세가 있다. 다리를 쭉 펴고 앉는다. 그리고는 엄지발가락을 둘째와 셋째 손가락으로 고리를 만들어 잡는다. 이때 허리가 구부러지지 않도록 엉덩이를 축으로 앞으로 당겨준다. 그런 체위로 텔레비전을 보거나 쉴 수도 있다. 오래 그런 자세를 유지하는 것이 좋다.

식당은 마음 닦음의 터전이다

　드디어 1년이 지났다. 이젠 많이 적응이 되었다. 동작도 민첩해졌고 모든 것이 자연스러워졌다. 처음에는 어색했던 것들도 편안해졌다.

　밥만 해도 그렇다. 때로는 된밥이 되거나 죽같이 무른 밥이 되기도 하던 것이 이젠 적당하다. 설거지 하는 속도도 빨라지고 있다.

　전에는 구정물이나 음식 찌꺼기를 보면 얼굴이 찌푸려지곤 했으나 지금은 아니다. 지금은 거침없이 손을 넣어 치울 수 있게 되었다.

　특별히 변한 것도 있다. 전에는 남이 먹던 음식을 먹을 수 없었다. 아니 다른 집에 가서 무엇을 먹는다는 것도 싫었다. 늘 익숙한 장소에서만 식사를 하던 습관이 있었다. 그러던 것이 지금은 아니다. 큰 불편함 없이 어는 곳이든 어느 시간이든 먹을 수 있는 것이 있으면 쉽게 접근할 수 있게 된 것이다.

그 보다 더한 것은 마음이다. 처음에는 모든 것이 낯설고 어색하기만 했던 일이 보다 편해졌다. 시장에 가는 일도 그렇고 식당에서 하는 궂은 일도 그렇다.

이도 다 하늘의 뜻인가 쉽다. 이런 과정이 있어서 보다 넓은 세상을 보게 되었으니 그렇다. 직장에 있을 때는 정신 노동만 어려운 것이라고 생각했는데 이런 일은 정신뿐만 아니라 몸도 고되게 만든다. 그래도 누군가는 해야 할 일이다.

식당에서 일을 하면서 어느 시인이 노래한 늙은 개를 닮아 가고 싶다는 생각이 든다.

가설식당 그늘 늙은 개가 하는 일은
온종일 무명 여가수의 흘러간 유행가를 듣는 것
턱을 땅바닥에 대고 엎드려 가만히 듣거나
심심한 듯 벌렁 드러누워 멀뚱멀뚱 듣는다.

곡조의 애잔함 부스스 빠진 털에 다 배었다.

희끗한 촉모 몇 올까지 마냥 젖었다.

진작 목줄에서 놓여났지만, 어슬렁거릴 힘마저 없다.

눈곱 낀 눈자위 그렁그렁, 가을 저수지 같다.

노래를 틀어대는 주인아저씨보다

곡조의 처연함 몸으로 다 받아들인 개가

여가수의 노래를 더 사랑할 수밖에 없겠다.

뼛속까지 사무친다는 게 저런 것이다.

저 개는 다음 어느 생에선가 가수로 거듭날 게다.

노래가 한 생애를 수술 바늘처럼 꿰뚫었다.

소박한 삶속에서 피워낸 명상노트

2014년 2월 5일 초판 1쇄 인쇄
2014년 2월 10일 초판 1쇄 발행

지은이   박진하
펴낸이   정창진
펴낸곳   도서출판 여래
출판등록 제2011-81호(1988.4.8)
주소   서울시 관악구 행운2길 52 칠성빌딩 5층
전화번호 (02) 871-0213
전송   (02) 885-6803

ISBN   979-11-951177-0-3 03220
Email   yoerai@hanmail.net
biog   naver.com/yoerai

값은 뒤표지에 있습니다.